어린 산책자를 위한
아름다운 동물 도감

초판 1쇄 펴낸날 2019년 10월 21일
초판 4쇄 펴낸날 2024년 8월 30일

글 마리아 아나 페이시 디아스·이네스 테이셰이라 도 로사리오 | **그림** 베르나르두 P. 카르발류
옮김 손영인 | **감수** 윤정은 | **펴낸이** 홍지연

편집 고영완 전희선 조어진 이수진 김신애 | **디자인** 이정화 박태연 박해연 정든해
마케팅 강점원 최은 신종연 김가영 김동휘 | **경영지원** 정상희 여주현

펴낸곳 ㈜우리학교 | **출판등록** 제313-2009-26호(2009년 1월 5일) | **제조국** 대한민국
주소 04029 서울시 마포구 동교로12안길 8 | **전화** 02-6012-6094 | **팩스** 02-6012-6092
홈페이지 www.woorischool.co.kr | **이메일** woorischool@naver.com

ISBN 979-11-90337-04-5 74400
ISBN 979-11-90337-03-8 (세트)

First published in Portuguese as La fora, guia para descobrir a natureza Text ⓒ Maria Ana Peixe Dias and Ines Teixeira do Rosario, 2014.
Illustrations ⓒ Bernardo P. Carvalho, 2014.
This edition was adapted directly from the English edition by Frances Lincoln
Outside: Exploring nature / Outside: Discovering animals, 2018
Korean Translation Copyright ⓒ 2019 by Woori School All rights reserved.
The Korean language edition is published by arrangement with Editora Planeta Tangerina, Portugal through MOMO Agency, Seoul.

이 책의 한국어판 저작권은 모모 에이전시를 통한 Editora Planeta Tangerina, Portugal사와의 독점 계약으로 ㈜우리학교에 있습니다.
저작권법에 의해 한국 내에서 보호를 받는 저작물이므로 무단전재와 무단복제를 금합니다.

- 책값은 뒤표지에 적혀 있습니다.
- 잘못된 책은 구입한 곳에서 바꾸어 드립니다.
- KC마크는 이 제품이 공통안전기준에 적합하였음을 의미합니다.

어린 산책자를 위한
아름다운 동물 도감

마리아 아나 페이시 디아스, 이네스 테이셰이라 도 로사리오 글
베르나르두 P. 카르발류 그림 | 손영인 옮김

우리학교

🐰 들어가며: 동물들아, 어디에 있니?   11

 동물들이 남기는 단서: 흔적을 따라가 보자!   16

🦋 곤충과 벌레: 이건 무슨 벌레지?   40

🐸 양서류: 개구리일까, 두꺼비일까?   70

🐦 새: 저기 위를 봐!   92

 **파충류**: 늘 땅 가까이에 있는 동물　　124

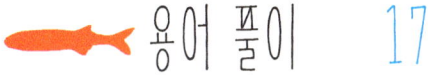 **포유류**: 우리는 어떤 점이 비슷할까?　　150

 용어 풀이　　174

 연대표: 중요한 사건들　　184

더 알고 싶다면　　189

동물들아, 어디에 있니?

여러분은 집 밖에 나가서 자연을 관찰해 본 적이 있나요? 도시에 살고 있어서 자연을 볼 수 없다고요? 세계에서 가장 큰 도시에 산다고 해도 집 밖에는 하늘과 별, 구름과 비, 나무와 꽃, 그리고 동물들이 아주 많이 있어요. 자동차로 가득한 넓은 도로와 고층 건물에 가려져 있긴 하지만요.

동물이 있다고? 어디? 난 밖에 나가도 동물을 본 적 없는데
우리는 주변에서 시끄럽게 지저귀는 작은 새나 해 질 무렵 가로등 주변을 퍼덕거리며 날아다니는 박쥐를 잘 보지 못해요. 늘 다른 데 신경을 쓰고 있거나 바쁘게 움직이며 살고 있기 때문이죠.

물론 시골에 살고 있다면 집에서 조금만 걸어 나가도 다양한 동물과 식물을 만날 수 있어요. 도시에는 시골만큼 다양한 생물이 없어요. 하지만 주의를 잘 기울여 관찰하면 땅이나 나무, 아니면 식물 위에 있는 새나 작은 포유류, 도마뱀, 곤충 수백 마리 등 여러 동물을 만날 수 있어요. 생물을 관찰하기 가장 쉬운 곳은 마당이나 공원이에요.

더 많은 종류의 생물과 만나고, 숨이 멎을 만큼 아름다운 하늘을 보고 싶다면 도시 밖으로 나가 봐요. 우리가 살고 있는 도시에서 멀리 떨어지지 않은 곳에도 숲이나 강, 산은 얼마든지 있으니까요.

우리가 자연에서 배울 수 있는 지식은 끝이 없어요. 과장처럼 들린다고요? 하지만 사실이에요. 어떤 질문에 답을 찾으면 금세 다른 질문이 생기거든요. 자연에 관한 우리의 궁금증은 끝없이 이어질 거예요. 이 책이 우리의 모든 질문에 답을 주지는 않아요. 할 수도 없고요. 그럴 땐 밖으로 나가 직접 자연을 관찰해 봐요. 책에서 얻지 못한 답을 얻게 될 거예요.

어떤 식물을 발견하든, 어떤 나무를 타고 오르든, 어떤 작은 생물을 만나든 자연은 우리에게 수많은 이야기를 들려주고, 질문을 하도록 만들어요. 여러분은 이렇게 말할지도 몰라요.

"하지만 동물은 말을 못 하잖아요. 식물도 마찬가지고요!"

맞아요. 우리가 바로 알아들을 수 있는 언어로는 말하지 못해요. 하지만 그래서 이 도전이 더 재밌어져요.

외국어를 처음 들을 때처럼 자연이 하는 말에 귀를 기울여 봐요. 우리의 감각에 집중하면 식물, 동물, 별, 바위, 그리고 주변의 모든 것이 하는 말을 들을 수 있어요. 이 책을 쓸 때 특히 생물에 집중했어요. 우리가 가장 좋아하는 주제이기도 한 데다가 밖에 나갔을 때 가장 관심을 끌기도 하니까요. 이 책에서는 우리 옆을 지나가는 동물, 동물이 남기는 자취, 동물이 사는 나무 등을 다뤄요.

모두 밖으로 나가요

밖에서는 아무런 일도 일어나지 않고 모든 일이 실내에서 일어나는 것처럼 보여요. 집 안에는 책, 텔레비전, 컴퓨터게임 등이 있으니까요. 하지만 실제로는 그렇지 않을지도 몰라요!

텔레비전을 보거나 컴퓨터게임을 할 때와는 다른 방식으로 주의를 조금만 더 기울여 봐요. 그러면 모든 일은 밖에서 일어난다는 사실을 알아차릴 수 있어요. 지구는 회전하고, 구름은 이동하고, 식물은 싹을 틔우거나 시들고, 동물도 일상을 이어 나가느라 바쁘죠. 조금만 관심을 갖고 주변을 살피면 소파에 앉아 보내는 것보다 훨씬 더 보람찬 하루를 보낼 수 있답니다. 물론 텔레비전이나 컴퓨터 화면을 통해서도 전 세계를 볼 수는 있겠죠. 하지만 이 점은 분명히 해야겠어요. 화면을 통해 보는 세상은 직접 개미집이나 바위 웅덩이에서 보는 세상과 다르다는 걸요.

우리는 이 책이 새, 구름, 꽃 그림을 보여 주는 예쁜 전시품이 아니라, 여러분이 집 밖으로 나가고 싶은 마음이 들도록 만들어 주었으면 좋겠어요. 여러분이 밖에서 발견하는 생물을 탐구하는 데 도움을 줄 아이디어와 실용적인 정보를 담은 길잡이가 되었으면 해요.

밖에는 여러분을 기다리는 커다란 세상이 있어요.
밖으로 나가서 많은 모험을 하길 바라요!

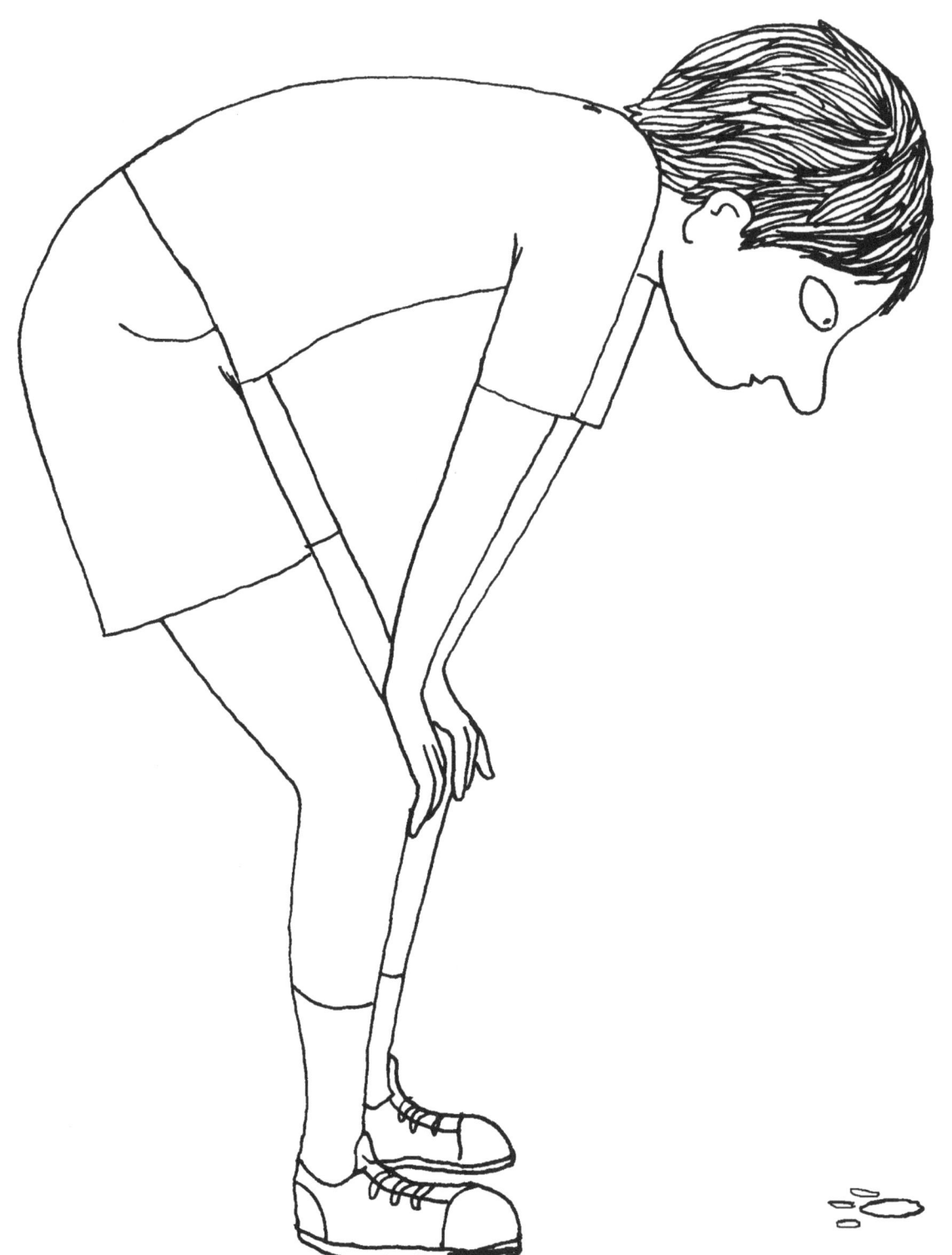

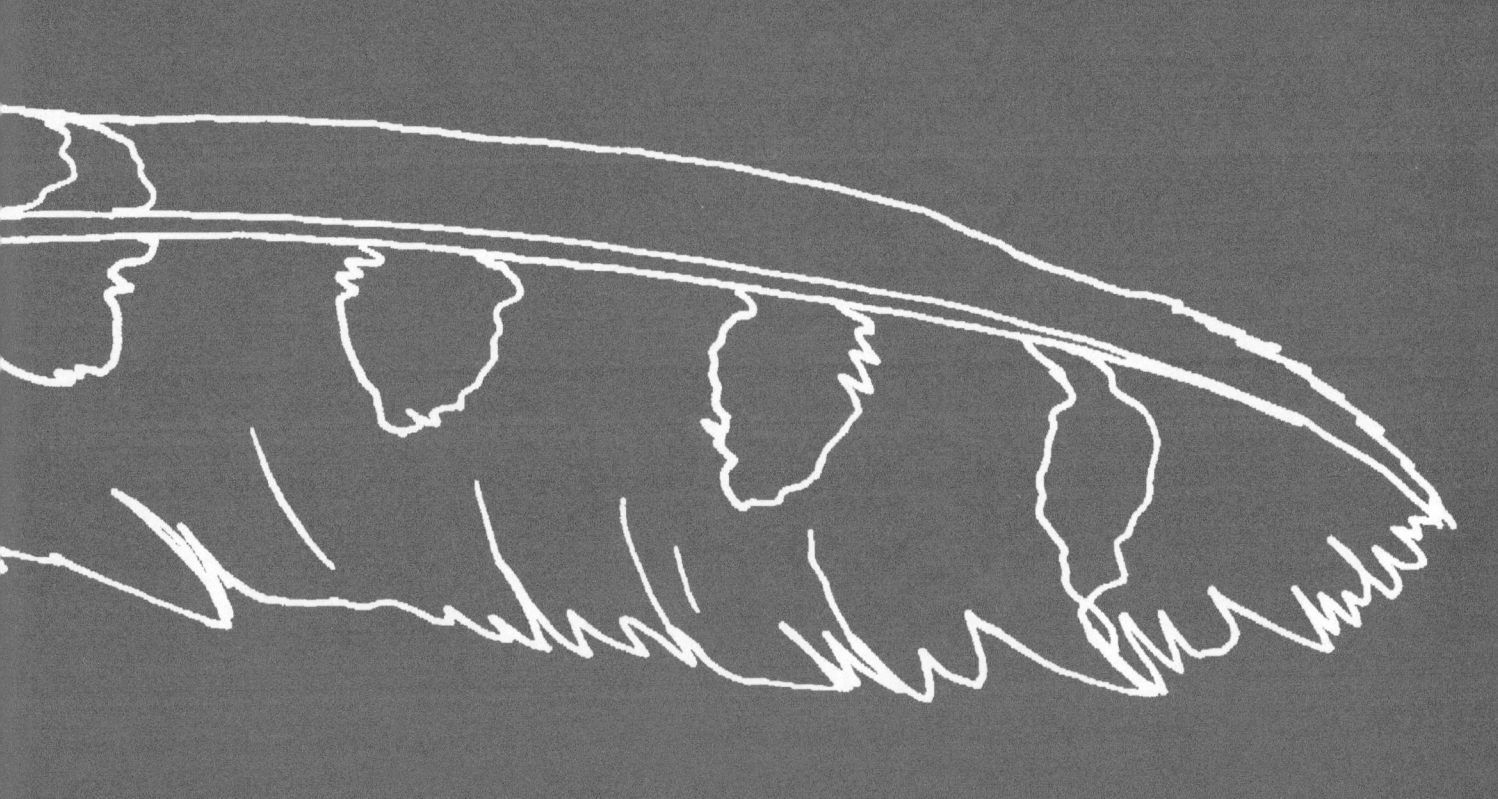

도시 밖으로 나가면 온갖 생물을 만날 수 있다는 사실은 누구나 알아요. 하지만 실제로 본 생물은 몇 가지나 되나요? 많은 생물은 숨어 있어서 찾기가 매우 어려워요. 그렇다면 사람들은 어떻게 생물을 연구하고 정보를 얻을까요?

그건 쉬워요. 흔적을 따라가면 돼요!

동물은 어떤 흔적을 남길까요?

알아차리는 사람은 적지만 동물은 다양한 이야기를 들려주는 흔적을 많이 남겨요. 놀라운 일은 아니에요. 먹고, 자고, 이동하고, 새끼를 낳고, 자라는 등 동물이 날마다 하는 모든 일에 우리가 따라갈 수 있는 단서가 남으니까요. 관찰할 준비가 되었나요?

먹는 것을 관찰하면 알 수 있어요

사람들이 먹을 수 없는 부분을 남기는 것처럼 동물들도 먹은 뒤에 무언가를 남겨요.

초식동물은 씹다 만 씨앗, 잎, 과일을 두고 가요. 남기고 간 흔적을 모두 관찰하면 정확히 어떤 동물이 그곳에 있다 갔는지 알 수 있어요. 같은 것을 먹는 다른 동물이 있어도 먹는 방식이 다르기 때문이죠.

예를 들어 다람쥐는 잣나무의 솔방울을 입으로 깨서 안에 든 잣을 먹어요. 솔방울 껍데기를 벗기고 솔방울 심도 그냥 두죠. 솔잣새도 잣을 좋아하지만 다람쥐와는 다른 방법으로 솔방울 껍데기를 깨요. 그래서 남겨진 껍데기 모양이 달라요. 솔잣새가 깬 껍떼기 가장자리는 우둘투둘하지만 다람쥐가 깬 껍데기는 더 깔끔하죠.

육식동물도 어떤 동물이 어떤 먹이를 먹고 갔는지 알려 주는 흔적을 남겨요. 예를 들어 매는 먹이가 된 다른 새의 깃털을 남기기 때문에 어떤 새를 잡아먹었는지 알 수 있답니다.

솔잣새

독수리

흔적 자세히 보기

솔방울과 개암

동물이 씹다 남긴 솔방울이나 개암을 발견하면 껍데기를 자세히 살펴보고 아래 그림과 비교해요. 그리고 어떤 동물이 먹고 갔을지 맞혀 봐요.

이 솔방울은 딱따구리가 긁고 뜯었어요.

다람쥐가 씹다 남긴 개암과 껍데기를 벗긴 솔방울이에요.

박새가 개암에 구멍을 뚫었네요.

쥐가 씹고 간 솔방울과 개암이에요.

깃털

깃털의 종류
발견한 깃털이 어떤 새의 것인지 맞히기 전에 깃털의 종류를 먼저 확인해 볼까요?

비행 깃털은 새의 날개와 꼬리에 있어요. 다른 깃털보다 길고, 중간에 단단한 깃대가 있어서 알아보기 쉬워요. 옆에 두 종류의 비행 깃털 그림을 봐요. 꼬리 깃털은 좌우가 같은 대칭이고 날개 깃털은 비대칭이에요.

어떤 새일까요?
다양한 모양과 무늬를 살펴보면 어떤 새의 깃털인지 알 수 있어요.

겉깃털은 날개와 꼬리를 제외한 나머지 부분을 덮고 있는 깃털이에요. 겉깃털에도 중간에 대가 있지만 비행 깃털의 깃대만큼 단단하지는 않아요. 겉깃털이 새의 몸을 유선형으로 만들어요.

솜깃털은 다른 깃털 아래에 있는 부드럽고 폭신한 깃털이에요. 깃대가 거의 없고 새의 몸을 따뜻하게 유지할 수 있게 해줘요.

올빼미 깃털 중 날개 깃털 윗부분은 매우 부드러워요.

운이 좋다면 **어치 깃털**을 발견할 수 있어요. 대부분 줄무늬가 있답니다.

도시에 산다면 **비둘기 깃털**을 쉽게 볼 수 있어요. 크기가 작고 색깔은 흰색이나 검은색, 회색이랍니다.

삼키는 것보다 뱉는 게 나으니까!

좋아하는 부분만 먹는 동물과 다르게 먹이를 통째로 삼켜 소화한 뒤 소화되지 않는 부분은 토하는 동물이 있어요. 외양간올빼미는 동물을 통째로 삼키고 나서 작은 공 모양의 뼈와 털 뭉치를 뱉어 내죠.

생물학자들은 이 공 모양 뭉치를 '펠릿'이라고 불러요. 펠릿은 매우 좋은 단서예요. 뱉어 낸 뼈를 관찰하면 어느 동물의 뼈인지 알 수 있어요. 그 뼈를 가지고 먹이가 된 동물의 뼈대 전체를 맞춰 볼 수도 있답니다!

동물의 재미있는 배설물

사람이 음식을 먹을 때와 마찬가지로 동물이 무언가를 먹을 때도 그중에 소화되지 않는 부분이 있어요. 그런 부분은 배설물 형태로 몸 밖으로 나오죠. 배설물은 생물학자들이 똥을 부르는 말이에요. 동물 배설물에는 씨, 풀, 털, 작은 뼈, 곤충의 껍데기 등 소화가 되지 않은 모든 것이 들어 있어요.

배설물의 다양한 모양, 크기, 성분, 냄새를 보면 무엇을 먹었는지, 그리고 어떤 동물의 배설물인지 구별할 수 있답니다.

걷고, 뛰고, 미끄러지듯 기어가고

젖은 모래사장을 맨발로 걸을 때 발 모양과 똑같은 자국이 남는 걸 본 적이 있을 거예요. 바닷가를 따라 자전거를 타고 달리면 어떤 자국이 남을까요? 발자국 대신 쭉 이어진 바퀴 자국이 남아요. 나무 막대기를 바닥에 끌고 갈 때처럼 말이죠.

　동물도 마찬가지예요. 동물이 바닥에 남기는 자국으로 우리는 그 동물이 어떤 종인지, 어린 동물인지 다 자란 동물인지, 달리고 있었는지 걷고 있었는지 등을 알 수 있어요.

발을 땅 위에 굳게 딛고

동물은 저마다의 다리를 이용해 다른 방식으로 이동해요. 우리처럼 달리거나 뛰거나 깡충거리거나, 아니면 그냥 걷죠. 동물의 다리 수로 우리는 많은 단서를 얻을 수 있답니다.

다리가 아주 많은 동물
예: 지네, 그리마

다리가 여덟 개인 동물
예: 거미, 게

다리가 두 개인 동물
예: 닭, 갈매기

다리가 여섯 개인 동물
예: 딱정벌레, 무당벌레

다리가 네 개인 동물
예: 고양이, 여우

중요한 발자국 단서

고양이
독수리
말
소
다람쥐
닭
여우
비둘기
올빼미
쥐의 뒷발
개
오리
햄스터의 앞발
돼지

뱀처럼 스르르 미끄러지기

뱀은 다리가 없어서 다른 동물들과는 아주 다른 흔적을 남겨요. 다음과 같은 흔적을 발견한다면 어떤 종류의 뱀인지 쉽게 확인할 수 있어요.

뱀이 지나간 흔적

땅 위에서 뱀이 이동하는 방법은 크게 다섯 가지로 구분해요. 일부는 특정 종이 주로 사용하는 방법이지만 땅 상태에 따라 다른 방법으로 이동할 때도 있어요. 바닥에 모래가 많은지, 흙이 많은지에 따라 달라지기도 하고 뱀이 자유롭게 움직일 수 있는지, 움직일 공간이 부족한지에 따라서도 달라져요.

1. **직선**: 탁 트인 공간에서 아주 큰 뱀이 남기는 자국이에요. 아나콘다 같이 몸집이 큰 보아뱀종이 여기에 해당해요.

2. **옆으로 미끄러지기**: 가장 많이 알려진 자국이에요. 모래처럼 미끄러지기 쉬운 표면에서 발견돼요. 사막에 사는 뱀이 주로 남기는 자국이에요.

3. **점프**

4. **지그재그**: 굴처럼 좁은 곳에서 이동하는 방법이에요.

5. **옆으로 물결치기**: 대부분의 뱀이 움직일 때 남기는 자국이에요.

늘 같은 길로

여러분이 날마다 학교에 갈 때처럼 늘 같은 길로 다니는 동물이 있어요. 이렇게 하면 바닥에 길이 생겨요. 동물이 크면 그만큼 넓은 길이 생겨나죠. 작은 동물이라면 그보다는 좁은 길이 생기고요.

새를 만나는 일보다 포유류를 만나는 게 더 어렵지만, 다행히 포유류는 많은 흔적을 남겨 준답니다! 어떤 동물인지 우리가 알아볼 수 있는 단서를요.

- 이름만 듣고도 딱 알아차릴 수 있듯이 물밭쥐는 물을 좋아해요. 물까지 가기 위해 물밭쥐는 풀 속에 작은 길을 만들어서 천적으로부터 자신을 보호한답니다. 길의 너비는 약 10센티미터예요.
- 물밭쥐보다 훨씬 큰 오소리도 자주 드나드는 곳에 길을 만들어요. 길의 너비는 30센티미터 정도이고 굴의 입구와 연결돼요.

도시 밖에서 활동하는 동물 탐정이 되어 볼까요?

강가는 동물이 남긴 흔적을 보러 가기에 훌륭한 장소예요. 물을 마시거나 먹이를 찾거나 헤엄치러 많은 동물이 찾아오기 때문이죠!

관찰 팁

- 동물을 관찰할 때는 조용히 조심스럽게 행동해요. 그러지 않으면 여러분이 왔다는 사실을 동물이 눈치채고 달아날 수도 있거든요. 친구와 조용히 말하거나 신호를 주고받는 방법으로 대화하면 좋아요.

- 관찰만 하고 동물의 행동에 참견하지 마요. 먹을거리를 주거나 도와주어서도 안 돼요. 둥지나 굴도 건드리지 말고요.

도시에서 활동하는 동물 탐정이 되어 볼까요?

여러분이 사는 도시 곳곳에서 동물을 찾아봐요.

관찰 팁

- 동물 발자국을 발견하면 사진 찍거나 그려 봐요. 그렇게 하면 여러 발자국의 모양을 비교해서 서로 다른 점을 발견하기가 쉽답니다.

- 동물의 배설물은 절대로 만지지 마요. 질병이 옮을 수 있거든요. 배설물을 살피는 건 생물학자도 기구를 제대로 갖추었을 때만 할 수 있는 일이랍니다.

허물

몸이 자라도 편한 피부

사람과 마찬가지로 다른 동물도 자라요. 문어, 바닷가재, 산호처럼 나이를 아주 많이 먹어도 계속해서 자라는 동물도 있죠. 그렇게 안 보이지만 산호도 동물이랍니다. 하지만 우리와 다르게 몸은 자라도 피부는 자라지 않는 동물이 있어요. 자라지 않는 피부의 주인은 피부 안이 비좁다고 느껴요. 피부를 벗을 시간이 된 거죠!

몇 가지 예

피부를 '벗는' 동물은 지나다니는 길에 종종 허물을 벗어 두고 가기 때문에 어떤 동물이 지나갔는지 알 수 있는 좋은 단서가 돼요.

피부를 벗는 동물 중에는 뱀이 있어요. 뱀은 양말을 뒤집어 벗는 식으로 허물을 벗죠. 몸을 땅과 주변 식물에 문질러 허물을 통째로 벗어 버린답니다! 운 좋게 뱀의 허물을 발견한다면 어느 부분이 머리 쪽인지 맞혀 봐요. 머리 부분을 보면 무슨 종인지 확인할 수 있어요.

피부를 벗는 또 다른 동물은 메뚜기예요. 메뚜기는 피부를 벗는 게 아니라 '외골격'을 벗는다고 해야 맞아요. 외골격은 몸 밖에 있는 뼈대를 말해요. 알에서 나온 메뚜기는 번데기 시기를 거치지 않는데, 이런 곤충의 애벌레를 '약충'이라고 해요. 약충의 외골격은 흰색이에요. 약충이 자라면 외골격이 몸에 맞지 않아져서 바꿔야 해요. 시골이나 농장에서 이 흰색 외골격을 가끔 발견할 수 있어요.

뱀이 특별한 이유는 허물을 조각내어 벗는 동물과 다르게 한 번에 벗기 때문이죠. 뱀의 피부색이 흐려지고 눈이 탁한 푸른색을 띠면 곧 허물을 벗는다는 신호랍니다.

구리머리살모사
Agkistrodon contortrix

북살무사
Vipera berus

북부물뱀
Nerodia sipedon

즐거운 나의 집

아무리 밖에서 노는 게 좋아도 어느 순간 집에 가고 싶어질 때가 있어요. 밖이 춥거나 비가 올 것 같거나 너무 피곤하면 얼른 집에 가서 이불 속에 들어가 눕고 싶다는 생각만 들죠. 동물도 비슷한 기분일 때가 있어요.

동물은 우리와는 다른 집에 살아요. 우리가 모르는 새 같은 집에 살고 있는 경우도 있긴 하지만요. 둥지나 굴은 그곳에 사는 동물을 알아볼 수 있는 좋은 단서예요.

나무 위 둥지
나무에 둥지를 짓는 새는 아주 많아요. 찌르레기도 그중 하나로, 나무 위 둥지에 푸른색 알을 낳아요. 겨울잠쥐처럼 나무에 둥지를 만드는 포유류도 있어요. 나무에 난 틈이나 구멍을 활용해 집을 짓는답니다. 이렇게 동물이 둥지를 짓는 방법은 다양해요.(108쪽에 새가 둥지를 어디에 어떻게 만드는지 자세히 나와 있어요.)

땅속에 집을 만드는 걸 좋아하는 동물도 있어요
시골이나 마당에 작은 흙더미가 여러 개 모여 있는 모습을 본 적이 있나요? 그게 뭔지 궁금했나요? 자신을 보호하는 방법으로 땅속에 굴을 파는 동물이 많아요. 물론 파낸 흙은 땅 위에 남겠죠. 그렇게 쌓인 흙은 아주 좋은 단서가 된답니다!

땅에 구멍이 있거나 흙이 쌓여 있다면 누군가 땅속에 굴을 판 거예요. 어쩌면 두더지나 들쥐일지 몰라요. 따라갈 단서는 어디든 있어요. 그러니 계속 탐험해요! 바닷가나 시골, 도시에서도 동물이 남긴 다양한 흔적들을 찾을 수 있어요.

이건 무슨 벌레지?
곤충과 벌레

모든 동물이 찾기 힘든 건 아니에요. 벽을 타고 올라가거나, 우리 발끝 주변을 두리번거리거나, 팔랑거리며 돌아다니는 곤충이나 벌레는 쉽게 마주칠 수 있어요.

개미야, 나비야, 달팽이야.
우리 책에 온 걸 환영해!

지렁이부터 만나 볼까요?

모든 환형동물의 몸은 촉촉하고 부드러운 피부와 체절로 이루어져 있고, 길어요. 이 체절 덕분에 지렁이 같은 환형동물에게는 특별한 능력이 있답니다. 어떤 능력이냐고요?

지렁이는 모든 환형동물이 그렇듯 몸의 일부가 잘려도 다시 자라는 매우 쓸모 있는 재능이 있어요. 예를 들어 울새가 지렁이를 공격해 지렁이의 몸 일부를 물고 날아가 버려도 지렁이는 잃은 부분을 다시 자라게 해서 살아남아요.

거머리와 다모류도 환형동물이에요. 거머리는 대부분 얕은 민물에서 살고 다른 동물의 피를 빨아 먹어요. 다모류는 지렁이와 비슷하게 생겼는데 물속에서 살아요. 낚시할 때 미끼로 많이 사용돼요.

지렁이도 암컷, 수컷이 있나요?

아니기도 하고 그렇기도 해요. 지렁이는 암수한몸, 즉 암컷인 동시에 수컷이에요. 한 몸에 두 가지 성이 있지만 지렁이 한 마리가 혼자서 알을 낳을 수는 없어요. 짝이 반드시 있어야 하죠. 두 마리가 함께 짝짓기하고 둘 다 알을 낳는답니다.

지렁이에게도 심장이 있나요?

지렁이는 심장이 여러 개 있어요. 호주에 사는 어떤 지렁이는 몸이 매우 길어서 3미터까지 자라는데, 심장이 15개나 된다고 해요. 몸 전체에 피가 통하려면 많은 심장이 필요하기 때문이죠.

지렁이에 관해 배우는 가장 좋은 방법은 직접 보는 거예요. 그럼 관찰하러 갈까요?

지렁이, 잡았다!

지렁이는 축축하고 너무 단단하지 않은 흙을 좋아해요. 채소밭에서 흔히 볼 수 있죠. 주변에 텃밭 농사를 하는 사람이 있다면 지렁이를 자주 보는지 물어봐요. 경험 있는 사람에게 질문하는 일은 언제나 좋은 방법이죠. 부드럽고 축축한 흙을 발견하면 흙을 조금 파내 지렁이가 있는지 살펴봐요. 작은 삽이나 모종삽, 맨손으로도 할 수 있어요. 손이 더러워지는 게 싫다면 장갑을 껴도 좋아요.

관찰 팁

- 흙이 너무 말라 있다면 물을 조금 부어요.

- 양동이를 가져와 흙을 담아요. 지렁이도 같이 담아서 관찰해요.

- 지렁이가 다치지 않게 흙을 조심조심 파요.

- 파낸 지렁이를 가지고 다음 쪽에 나오는 실험을 해요.

●

돋보기로 지렁이를 관찰해요

지렁이를 두꺼운 종이 위에 올려놓고서, 기어서 움직이는 모습을 지켜봐요.

가까이 다가가 지렁이 몸에 난 강모가 내는 소리를 들어 봐요. 지렁이가 몸을 구부리는 움직임도 살펴봐요. 바로 근육을 수축하는 모습이랍니다.

손을 살며시 갖다 대어 지렁이의 마디를 느껴 봐요. 돋보기가 있다면 지렁이의 몸을 더 자세히 관찰할 수 있어요.

지렁이는 다리도 없는데 어떻게 움직이죠?

지렁이의 몸에는 많은 체절이 있고, 마디마다 강모라는 아주 짧고 뻣뻣한 털이 네 쌍씩 있어요. 지렁이는 움직일 때 근육을 수축하는데 이 강모가 짧은 다리 역할을 하며 수축을 돕죠.

　돋보기로 지렁이를 자세히 보면 이러한 것을 관찰할 수 있어요.

지렁이도 코가 있나요?

지렁이는 우리가 코라고 부르는 기관이 없어요. 대신 자

신만의 특별한 코가 있죠. 또 지렁이는 피부로 젖은 흙에 섞여 있는 산소를 흡수하기 때문에 허파도 없어요. 비가 많이 오면 흙에 물이 많이 섞여 산소가 부족해지기 때문에 밖으로 나와 숨을 쉬어요.

지렁이는 어떤 일을 하나요?

보기와는 다르게 지렁이는 쓸모가 많아요.

- 울새, 찌르레기, 도롱뇽, 오소리, 두더지 등 지렁이를 먹는 동물이 많아요.
- 죽은 동물과 식물을 먹고 싼 지렁이의 똥은 훌륭한 영양분이에요. 흙에 섞인 영양분은 식물이 흡수하죠. 지렁이는 땅을 기름지게 하는 데 아주 중요한 역할을 한답니다!
- 지렁이는 흙 속에 구멍을 많이 내는데, 이 구멍들로 공기와 물이 들어가 식물이 영양분을 더 많이 흡수할 수 있어요.

오늘날에는 지렁이가 일하는 공장이 있어요! 지렁이가 생산하는 제품을 '지렁이 퇴비'라고 부르고요. 이상하게 들리는 이름이지만 아주 간단해요. 지렁이가 음식물 쓰레기 같은 폐기물을 소화해 밖으로 내보내서 땅에 섞을 거름을 만드는 거예요.

지렁이는 특별한 코가 있어요

지렁이 한 마리를 축축한 천 위에 올려놓아요. 작은 솜뭉치에 아세톤을 적신 뒤(어른에게 도와달라고 해요.) 지렁이 머리 쪽으로 가져가요. 지렁이는 건드리지 말고요!

지렁이의 꼬리 쪽과 옆쪽에도 솜뭉치를 가까이 대 봐요. 몸 어느 부분이든 똑같이 반응하는 걸 볼 수 있어요. 그 이유는 지렁이가 몸의 모든 부분에서 아세톤 냄새를 맡을 수 있기 때문이에요. 그러니까 몸 전체가 커다란 코라고 할 수 있겠죠!

민달팽이와 달팽이를 따라가 볼까요?

민달팽이와 달팽이는 어떤 관계일까요?
둘 다 연체동물이라는 동물군에 속해요. 여기에 낙지, 갑오징어, 오징어, 홍합, 개오지, 대합 등도 포함됩니다.

다르게 생겼는데 어떻게 전부 연체동물군에 속하나요?
이 동물들은 다 척추가 없는 무척추동물이고 뼈가 없어 몸이 부드러운 데다 몸에 마디도 없어요. 대부분의 연체동물은 몸을 머리, 내장낭, 발, 이렇게 세 부분으로 구분해요.

달팽이는 왜 집을 지고 다닐까요?
달팽이는 천적에게 먹히지 않기 위해 껍데기 안에 몸을 숨겨요. 날씨가 더울 때도 껍데기가 피부를 보호해서 달팽이는 말라 죽는 일을 피할 수 있죠. 우리 뼈와 마찬가지로 달팽이 껍데기는 칼슘으로 이루어졌어요.

내장낭: 심장, 허파 같은 장기는 껍데기 밑에 있어요.

발: 매우 튼튼한 근육으로, 바닥에 닿는 부분이에요.

머리: 눈과 촉수가 있어요.

민달팽이는 왜 껍데기가 없을까요?

잘 알려지지 않았지만 대부분의 민달팽이는 껍데기가 있어요. 단지 민달팽이의 몸속에 작게 있고 수천 년 전에 기능을 잃었을 뿐이에요. 왜 민달팽이와 다른 연체동물이 껍데기가 없거나 작아진 껍데기가 몸속으로 들어가도록 진화했는지 정확하게 아는 사람은 없어요. 아마도 다른 서식지를 더 잘 탐험하려고 진화했을 거라고 추측할 뿐이죠. 달팽이는 항상 등에 집을 얹고 있으니 좁은 곳이나 통나무, 바위 밑으로 가기가 분명 더 힘들어요. 반면, 민달팽이는 몸을 수축해 어느 틈이라도 쉽게 빠져나갈 수 있어서 달팽이가 가지 못하는 곳에도 갈 수 있답니다.

● 달팽이 껍데기를 찾아봐요

어디에서 볼 수 있나요?
울타리 근처나 기둥

- 달팽이 껍데기의 다양한 종류와 결을 살펴요. 주름이 있나요, 아니면 매끄러운가요?
- 크기별로 구분해요. 달팽이가 어릴수록 껍데기도 더 작아요. 달팽이가 자라면서 껍데기도 같이 자라기 때문이에요.
- 마지막으로 껍데기가 휘감긴 방향을 살펴요. 왼쪽인가요, 오른쪽인가요? 다 같은 방향이라면 아마 같은 종에 속할 거예요.

케리민달팽이

돋보기로 벌레를 관찰해요

벌레는 대부분 크기가 아주 작아요. 하지만 돋보기를 이용하면 모양과 색, 눈, 다리, 더듬이, 촉수 등을 좀 더 자세히 살펴볼 수 있어요.

자세히 관찰한 뒤 생김새를 그림으로 그려 봐요.

골칫거리일까, 희귀한 벌레일까?

때로는 정원에 셀 수 없이 많은 달팽이가 습격해 눈앞에 보이는 식물을 모두 먹어 치우는 일이 일어나죠. 달팽이는 쉽게 번식하지만 멸종 위기에 처한 달팽이도 있어요.

케리민달팽이는 포르투갈, 스페인, 아일랜드에서만 살며 자연보호법으로 보호를 받고 있어요. 이 민달팽이는 위협을 느끼면 공 형태로 몸을 완전히 웅크려요. 이런 특징을 가진 민달팽이는 매우 드물죠.

달팽이도 이빨이 있나요?

달팽이는 주로 채소를 먹지만 다른 달팽이를 먹거나 새똥을 먹기도 해요! 민달팽이도 채소, 이끼, 버섯류 등을 먹지만 다른 민달팽이, 달팽이, 지렁이, 죽은 동물 등을 먹는 육식 민달팽이도 있죠.

달팽이와 민달팽이 모두 입 안에 고무로 만든 강판처럼 생긴 단단한 치설이 있어요. 치설 위에는 2만 개 이상의 아주 작은 이빨이 열을 지어 있죠. 달팽이와 민달팽이는 이빨로 먹이를 삼킬 수 있을 만큼 잘게 쪼개요.

달팽이와 민달팽이는 왜 항상 끈끈한 액을 남기나요?

앞서 달팽이와 민달팽이는 연체동물이라는 점을 배웠는데요, 이 둘은 또 다른 공통점이 있답니다. 바로 끈끈한 액이에요! 달팽이와 민달팽이는 어디를 가든 점액을 남겨요.

달팽이와 민달팽이 점액을 살펴봐요

언제 볼 수 있나요?
비가 온 뒤에 밖으로 나가요. 달팽이와 민달팽이는 습기를 좋아하거든요.

어디에서 볼 수 있나요?
마당이나 정원 등에 있는 통나무나 바위 아래에서 달팽이와 민달팽이를 볼 수 있어요.

관찰 팁

- 돋보기를 챙겨요.

- 가만히 기다렸다가 달팽이가 움직이는 모습을 관찰해요. 얼마나 천천히 움직이는지, 다른 곳으로 이동하면서 어떻게 점액을 남기는지 살펴봐요. 점액은 달팽이가 나뭇잎 같은 매끄러운 표면 위에서 미끄러지지 않고 이동할 수 있게 도와준답니다.

- 민달팽이는 두 가지 점액을 만들어요. 하나는 민달팽이가 움직이는 데 도움을 주고, 다른 하나는 피부가 마르지 않도록 보호해 줘요.

- 날씨가 덥다면 달팽이를 시멘트 바닥같이 매끄럽고 마른 곳으로 옮겨요. 달팽이가 남기는 점액 자국이 죽 이어지는 게 아니라 띄엄띄엄 간격이 생기는 모습을 볼 수 있어요. 달팽이가 수분을 덜 잃으려고 점액을 최대한 적게 쓰기 위해 발을 바닥에 내디뎌 이동하기 때문이에요.

눈은 어디에 있을까요?

달팽이와 민달팽이는 머리에 촉수가 두 쌍 있어요. 위쪽에 있는 촉수가 눈이고 아래쪽에 있는 촉수는 냄새를 맡을 때 써요. 둘 다 움츠러들 수 있고 혹시 잘리더라도 다시 자라난답니다.

큐피드가 있다고 믿나요?

믿기 힘들겠지만 달팽이의 행동에서 사랑의 신 큐피드의 모습을 찾아볼 수 있어요. 달팽이는 짝짓기하고 싶을 때 다른 달팽이에게 가까이 다가가 화살같이 생긴 부분으로 상대를 찔러요. 이 화살에는 상대 달팽이를 수정시킬 확률을 높이는 물질이 들어 있죠. 이 사랑의 화살을 '연시'라고 해요.

지렁이와 마찬가지로 달팽이와 민달팽이는 암수한몸이라 두 마리가 함께 짝짓기하면 둘 다 알을 낳아요. 달팽이는 땅에 구멍을 파고 그 안에 수십 개의 알을 낳아요. 알을 깨고 나오는 달팽이의 몸에는 이미 껍데기가 있답니다!

● 다리는 몇 개?

벌레를 발견할 때마다 다리가 몇 개인지 세어 봐요. 오른쪽에 있는 딱정벌레는 한쪽에 다리가 세 개씩 있네요.

발견한 벌레의 다리가 여섯 개라면 그 벌레는 바로 곤충이에요. 무당벌레, 메뚜기, 개미, 바퀴벌레들은 모두 다리가 여섯 개죠. 하지만 다리 수가 같다고 해도 종류에 따라 특징이 달라요.

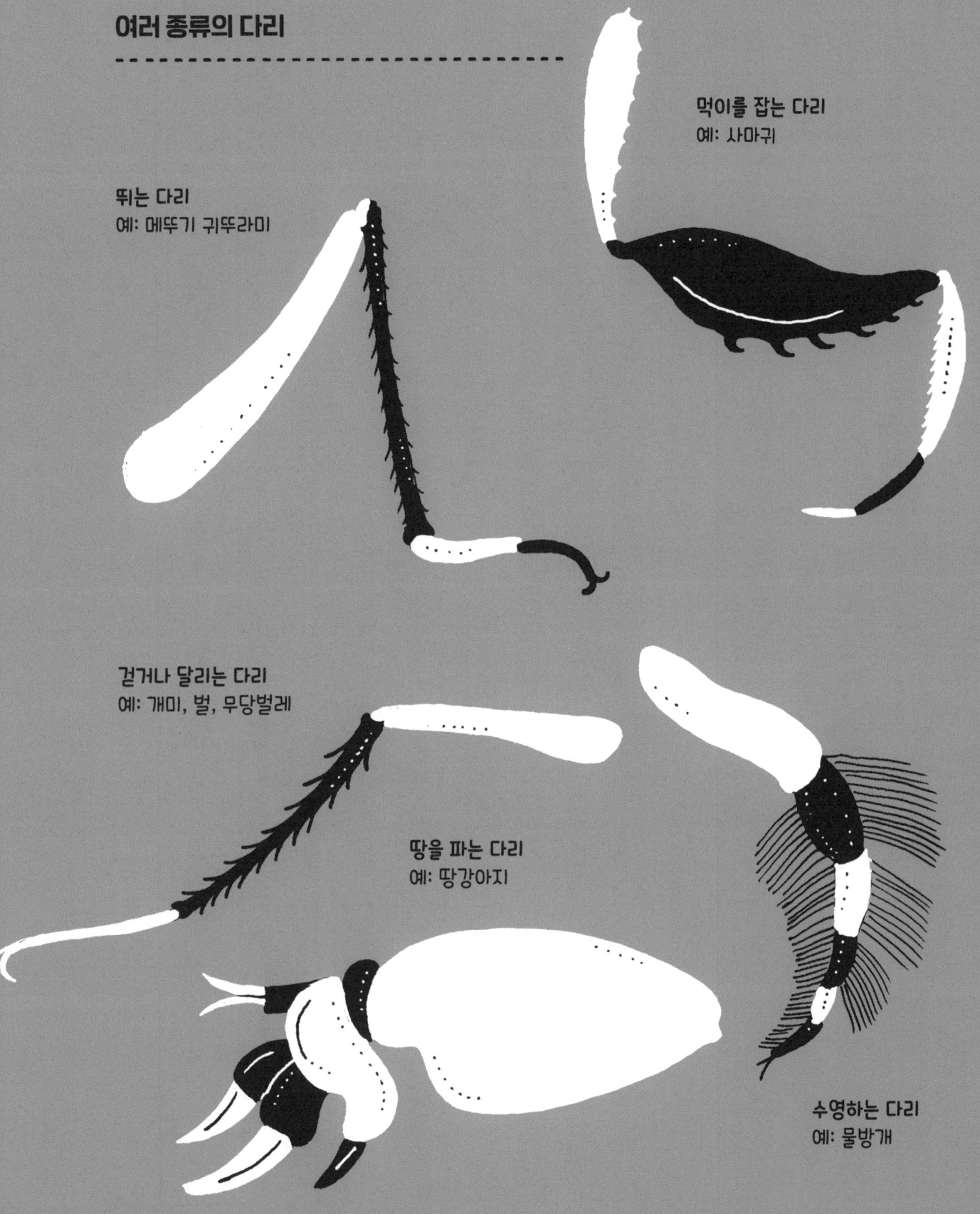

밤에 밖으로 나가 반딧불이를 관찰해요

반딧불이는 어두운 곳을 좋아해요. 반짝이는 빛을 이용해서 서로 대화하기 때문이죠. 밖이 밝다면 반딧불이가 전하려는 메시지를 다른 반딧불이들이 보지 못할 수도 있어요.

어디에서 볼 수 있나요?
식물이 많은 곳에서 반딧불이를 볼 수 있어요. 뜰이나 마당에서도 찾을 수 있죠. 땅과 가까운 식물이 자라는 가장 어둡고 조용한 곳을 살펴봐요.

언제 볼 수 있나요?
반딧불이는 봄이 끝날 무렵이나 여름에만 볼 수 있어요. 때로는 쉽게 보지 못할 수도 있고요. 어떻게 해야 할지 알겠죠? 어두울 때 반딧불이를 찾아봐요!

흥미로운 사실
어떤 반딧불이는 알도 빛난다는 사실을 알고 있나요?

개미와 다른 곤충들

곤충은 지구에 사는 동물 중 가장 많은 수와 종류를 차지해요. 전 세계에 사는 곤충은 아주 많아서 생물학자들도 전부 몇 종이나 되는지 알지 못해요. 500만 종이 있다고 주장하는 사람도 있고, 1억 종이 있다고 생각하는 사람도 있어요. 생물학자들은 현재까지 거의 100만 종의 곤충을 발견했지만 몇 종이 더 있을지는 알 수 없어요.

우리가 앞서 만나 본 다른 동물들과 다르게 곤충은 더 튼튼해 보여요. 몸 바깥에 근육을 감싼 딱딱한 껍데기가 있기 때문이죠. 이 딱딱한 껍데기를 '외골격'이라고 해요. 곤충은 매우 많고 어디에든 있어서 우리가 가장 쉽게 찾을 수 있는 동물이기도 해요.
한번 살펴볼까요?

● 개미야, 어디에 있니?

길을 따라가며 개미를 찾아봐요. 나뭇가지나 식물, 아니면 땅속에 있을지도 몰라요. 개미는 아주 작아서 자세히 살펴야 해요.

개미를 찾으면 가까이 다가가 살펴봐요. 개미의 몸 색깔은 대부분 짙은 색이에요. 검은색, 갈색 또는 진한 붉은색이죠. 매끄럽고 딱딱한 껍데기로 둘러싸인 개미는 부드럽고 끈적여 보이는 지렁이나 달팽이와는 다르게 더 단단해 보여요. 개미가 그렇게 보이는 이유는 외골격 때문이라는 걸 알겠죠?

왜 개미는 서로 더듬이로 만져 보나요?

개미의 더듬이는 마디 여러 개가 합쳐진 형태로, 관절로 이루어졌어요. 개미는 더듬이 두 개로 냄새를 맡아 먹이가 있는 방향을 확인해요.

두 개미가 만나면 더듬이로 서로의 냄새를 확인하며 대화해요. 어느 개미가 배가 고프면 특정한 냄새를 풍기며 상대 개미에게 배가 고프다는 사실을 알리죠. 이 냄새로 상대 개미에게 먹은 음식을 토해 달라고 '부탁할' 수도 있어요. 이상하게 보일지도 모르지만 개미에게는 흔한 일이에요.

다른 곤충도 더듬이가 있는데 대부분 냄새를 맡는 데 사용해요. 어떤 나방은 안테나처럼 아주 긴 더듬이가 있어서 수 킬로미터 떨어진 냄새도 맡을 수 있어요!

개미집에 먹이를 줘요

빵이나 과자 부스러기, 과일을 작게 잘라 개미집 주변에 뿌려요. 그리고 뒤로 물러나 개미가 잔치를 벌이는 모습을 관찰해요! 한 가지 주의할 점이 있어요. 먹이를 개미집 안에 넣거나 개미집 입구를 막지는 마요!

개미집에서 사는 건 어떨까요?

개미는 잘 조직화된 사회를 이뤄서 살아가요. 개미집에 사는 개미는 종류별로 다른 역할을 맡아요.

개미집에 사는 개미의 종류를 소개할게요.

- 보통 다른 개미보다 크기가 크며 사는 동안 계속 알을 낳는 ❶ **여왕개미**
- 개미집을 관리하고 지키는 암개미인 ❷ **일개미**
- 일반 개미보다 더 크고 힘이 센 침입자로부터 개미집을 보호하는 ❸ **병정개미**
- 짝짓기 역할을 맡는 ❹ **수개미**

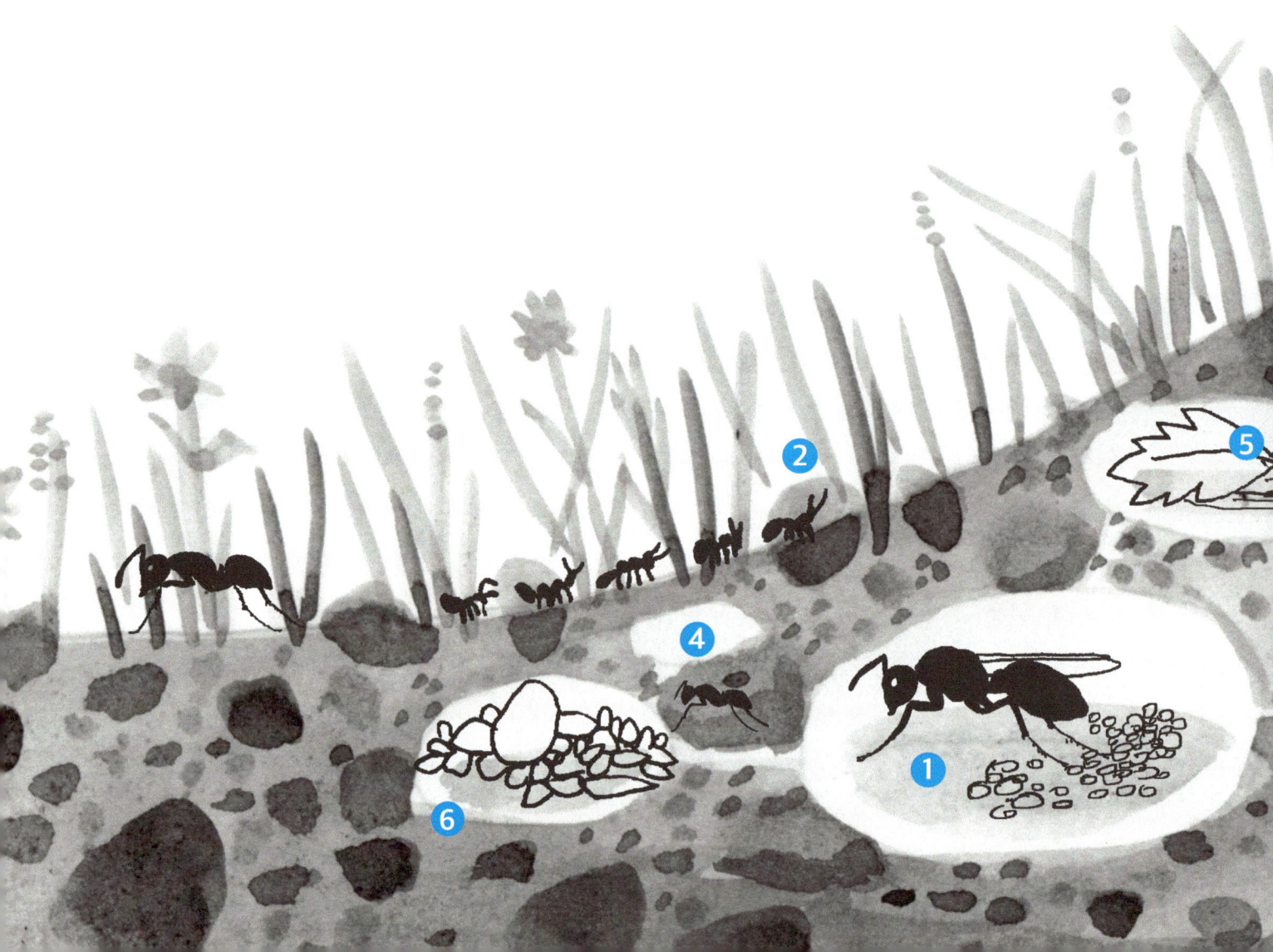

개미집에는 다양한 방이 있어요.

❺ **창고**에는 씨앗이나 썩은 잎을 저장해요. 왜 썩은 잎을 저장하냐고요? 어떤 개미는 썩은 잎에 먹이가 되는 곰팡이를 기르기 때문이에요.

❻ 일개미들은 **애벌레를 기르는 방**에서 아기 개미가 될 애벌레를 돌봐요.

개미집 가장 아래쪽에는 잎 찌꺼기와 죽은 개미 같은 쓰레기를 쌓아 두는 ❼ **쓰레기 저장소**가 있어요. 개미에게 청결은 아주 중요해요.

개미집에는 ❽ **함정**도 있어요. 개미집에 침입하는 다른 동물들을 함정으로 유인해 시간을 낭비하게 해요.

어떤 개미는 왜 날개가 있나요?

짝짓기를 할 수 있는 암개미와 수개미만 날개가 달린 상태로 태어나요. 특정 시기가 되면 알을 낳고 새로운 개미왕국을 만들기 위해서 수천 마리의 개미가 개미집에서 나와 짝짓기 비행을 하죠. 짝짓기가 끝나면 이 개미들은 날개를 잃어요. 암개미들은 새로운 여왕개미가 되고 수개미들은 죽어요. 날개는 개미들이 본래 살던 개미집에서 나와 새로운 곳으로 날아갈 때만 쓰여요. 그렇게 짝짓기가 끝난 뒤에는 모든 것을 새로 시작합니다!

● **여러 종류의 개미를 찾아봐요**

여왕개미는 개미집에서 안전하게 보호받기 때문에 찾기가 어려워요. 하지만 병정개미와 일개미는 쉽게 볼 수 있어요. 머리와 입 주변이 다른 개미보다 더 큰 병정개미는 주로 개미집 입구 가까이에 있답니다.

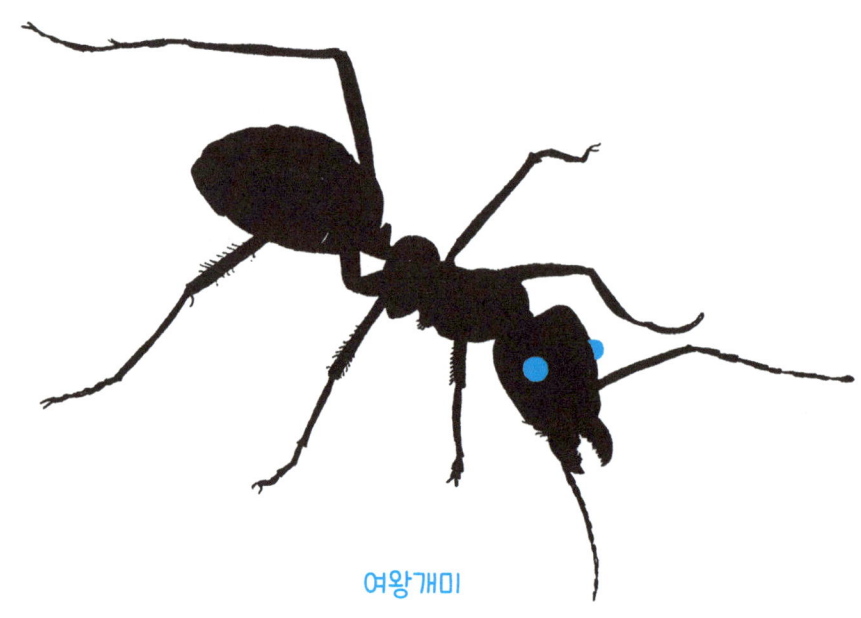
여왕개미

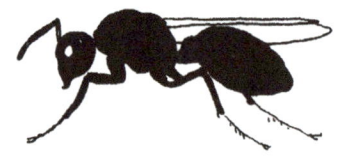
수개미

일개미

병정개미

여름에 개미가 일하는 동안 매미는 노래를 부르는 게 사실인가요?

여름에 개미는 일하고 매미는 노래를 부르지만 그렇다고 개미만 열심히 살고 매미는 게으름을 피우는 건 아니에요! 암매미의 사랑을 원하는 수매미만 노래하죠. 수매미의 노래가 마음에 들면 암매미가 수매미에게 다가가고 둘은 짝짓기를 합니다. 이처럼 자연의 모든 일에는 다 이유가 있답니다.

밤에 너무 크게 울어서 사람을 깨우는 매미도 있고, 우는 소리가 너무 날카로워서 사람보다 귀가 밝은 개를 짖게 만드는 매미도 있어요! 매미는 자기들의 시끄러운 울음소리로부터 스스로를 보호해야 해요. 그래서 암매미와 수매미 모두 소리 때문에 다치지 않게 해 주는 특별한 고막이 있답니다.

매미를 잡으려다 놓쳤다면 아마 매미는 액체를 뿌리고 날아갔을 거예요. 그 액체는 오줌이 아니라 물이나 체액이에요. 생물학자들은 매미가 달아날 때 몸을 가볍게 해 더 빨리 날 수 있도록 물을 버린다고 생각한답니다.

색을 사용해서 곤충을 유인해요

다음과 같은 방법으로 곤충을 불러모을 수 있어요.

노랑, 파랑, 빨강 등 색깔이 있는 판을 햇볕 아래에 갖다 놓아요. 그 위에 물 몇 방울을 뿌리고요. 그리고 근처에서 관찰하면 색과 물에 끌려 다가오는 곤충을 볼 수 있어요.

언제 볼 수 있나요?
화창한 봄날에 관찰할 수 있어요.

어디에서 볼 수 있나요?
공원이나 뜰, 시골에서 볼 수 있어요.

매미

왜 개미는 경로에서 벗어나지 않을까요?

개미는 '페로몬'이라는 화학물질을 이용해 의사소통해요. 예를 들어 개미가 먹이를 찾아서 개미집까지 가져가야 할 때, 다른 개미에게 위치를 알려서 나머지 먹이도 함께 가져가게 해요. 이때 개미는 길에 페로몬을 남겨 다른 개미가 따라오게 만들어요. 먹이가 있는 곳으로 가는 개미가 많아질수록 길에 페로몬은 더 많이 쌓이죠. 그리고 페로몬이 쌓일수록 냄새는 더 강해져서 더욱 많은 개미가 모여요. 개미가 왜 모두 한 줄로 이동하냐고요? 서로의 냄새를 뒤따라가기 때문이에요.

침입자

앞서 살펴본 것처럼 개미집에는 개미에게 필요한 모든 장소가 있어요. 애벌레를 기르는 방, 먹이를 보관하는 창고, 여왕개미가 지내는 방, 그리고 놀랍게도 쓰레기를 모아 두는 곳까지 있죠.

개미의 일상을 기록해요

개미집 옆에 앉아 무슨 일이 일어나는지 지켜봐요. 짐을 지고 들락거리는 개미도 보고 개미집 주변에서 생기는 일도 관찰해요. 개미집과 개미들의 움직임을 몇 분만 관찰해도 좋고 일주일 내내 지켜봐도 좋아요. 어떤 변화가 있는지 기록하는 것도 좋아요. 만약 비가 내리면 개미집에는 무슨 일이 생길까요?

개미가 지나가는 길을 살펴봐요

개미집이나 개미가 지나가는 길을 찾아서 어떻게 이동하는지 살펴봐요. 경로를 벗어나는 일은 거의 없어요. 서로 지나칠 때 상대편의 더듬이를 어떻게 건드리는지도 관찰해 봐요. 실험을 해도 좋아요. 개미가 좋아하는 단 음식을 길에서 벗어난 곳에 두고 기다려요. 개미들이 먹이 쪽으로 가는 길을 찾을 수 있을까요?

개미집은 겨울에는 따뜻하고 아늑하며 여름에는 시원하고 공기가 잘 통해요. 그래서 다른 곤충도 개미집에서 살고 싶어 하죠. 그리고 실제로 살기도 해요.

개미집 침입자 중에는 ❶ **노린재**, ❷ **딱정벌레**, ❸ **파리**, ❹ **나방**, ❺ **거미**가 있어요. 이 곤충들은 개미의 공격을 피하기 위해 냄새를 이용해요. 그런데 개미 냄새는 어떻게 구할까요?

개미집에 침입하는 곤충은 대부분 개미의 냄새와 행동을 쉽게 흉내 낼 수 있어요. 하지만 그렇게 하지 못하는 다른 곤충은 죽은 개미의 몸에서 필요한 화학물질을 얻어 자기 몸에 바르죠. 그러면 개미가 그 곤충 옆을 지나가도 개미집에 몰래 들어왔다는 사실을 눈치채지 못한답니다.

나비

다리를 셀 수 있을 정도로 나비에게 가까이 다가간다면 다른 곤충과 마찬가지로 다리가 여섯 개라는 사실을 확인할 수 있어요. 나비의 다른 놀라운 점도 살펴볼까요?

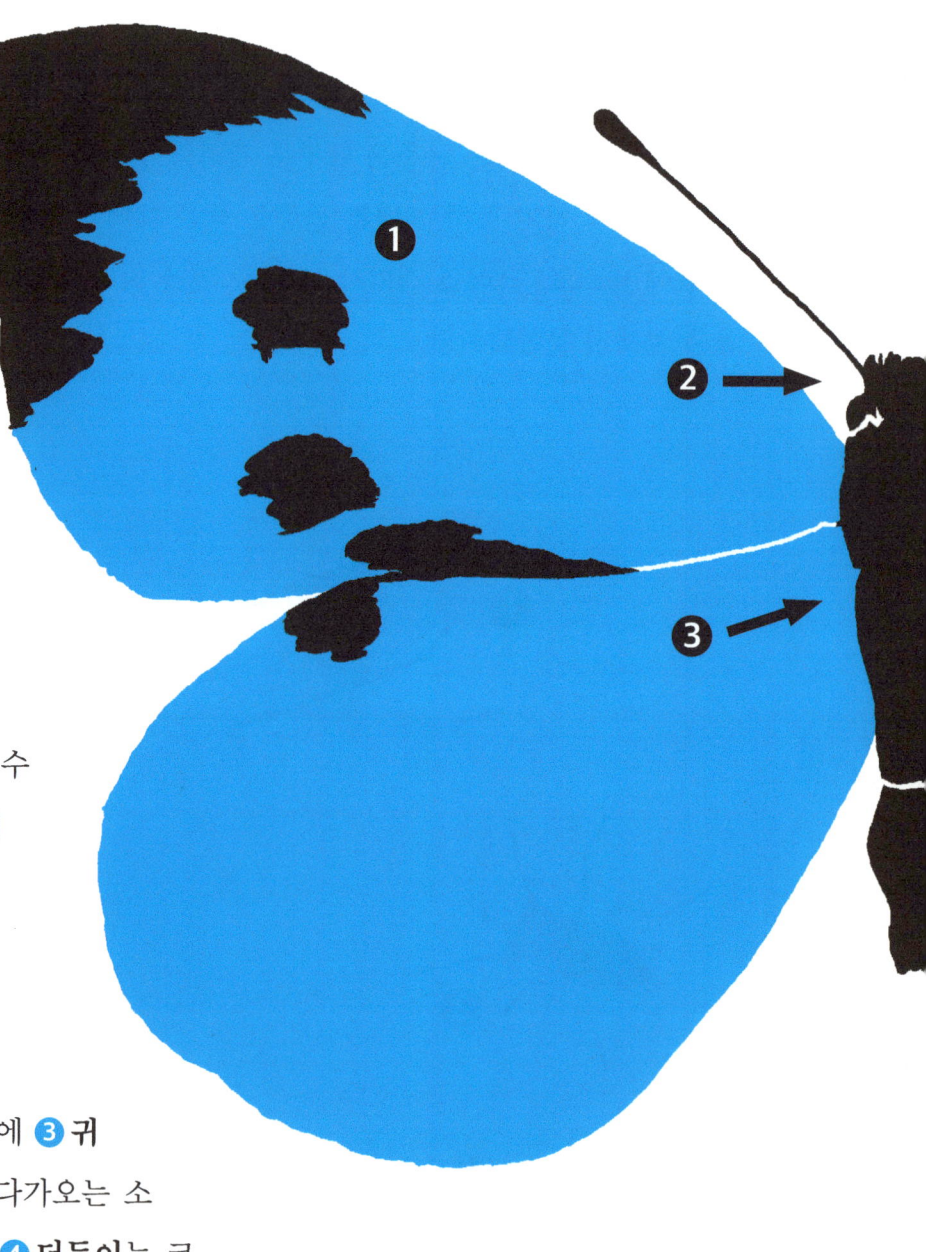

❶ **날개**가 큰 나비는 날갯짓을 자주 하지 않아도 긴 거리를 날아갈 수 있어요. 날개가 작은 나비라면 날갯짓을 더 자주 해야 하겠죠. 날개를 1초당 80번 펄럭이는 나비도 있답니다.

나비의 ❷ **눈**은 아주 작은 수천 개의 낱눈으로 이루어졌어요. 하지만 잘 보지는 못해요. 그래서 느린 움직임은 알아차리지 못한답니다.

어떤 나비는 날개 아랫부분에 ❸ **귀**가 있어서 새나 다른 천적이 다가오는 소리를 들을 수 있어요. 나비의 ❹ **더듬이**는 코와 같은 역할을 해서 먹이를 찾는 데 도움을 줘요. 나비는 몸 바깥으로 길게 튀어나와 있는 더듬이로 다양한 냄새가 어느 방향에서 오는지 알아차려요. 또 균형을 잡는 데 사용하기도 하죠.

나비의 입은 '주둥이'라고 불리는 관이에요. 꽃의 꿀을 빨아 먹을 수 있도록 빨대와 비슷한 역할을 하죠. 나비의 주둥이는 쉴 때 돌돌 말려 있지만 꿀을 빨 때는 직선으로 펼쳐져요. 그리고 꿀을 쭉 들이마시죠!

나비의 날개는 놀랍도록 아름다워요. 어떻게 아름다운 색을 띠게 됐을까요? 애벌레였을 때 먹은 식물에서 색소를 얻기 때문이에요.

나비는 어떻게 태어날까요?

나비는 알을 낳아요. 알을 깨고 나온 애벌레는 많이 먹고 점점 크게 자라죠. 그런 뒤 피부를 벗고 '번데기'로 변해요. 번데기 안에서 모습을 바꾸고 새로운 나비로 세상에 나오죠! 이런 변화를 '변태'라고 해요.

나비를 보러 나가요

언제 볼 수 있나요?
일 년 중 나비를 관찰하기 가장 좋은 때는 3월에서 9월 사이예요. 나비가 가장 좋아하는 두 가지가 아주 많은 시기이기 때문이죠. 바로 꽃과 햇볕이에요! 나비는 예민한 곤충이라서 바람이 불지 않는 날을 좋아해요. 하루 중 가장 좋아하는 시간대는 오전 11시에서 오후 4시 사이예요.

어디에서 볼 수 있나요?
꽃이 있는 곳이라면 어디든 있을 거예요. 자세히 살펴봐요.

무엇을 해야 할까요?
나비를 보면 먼저 색깔을 기록해요. 관찰을 마치고 나면 색깔별로 몇 마리씩 보았는지 정리해요. 그런 뒤 가장 많이 본 나비가 어떤 종인지 알아봐요.

개구리일까,

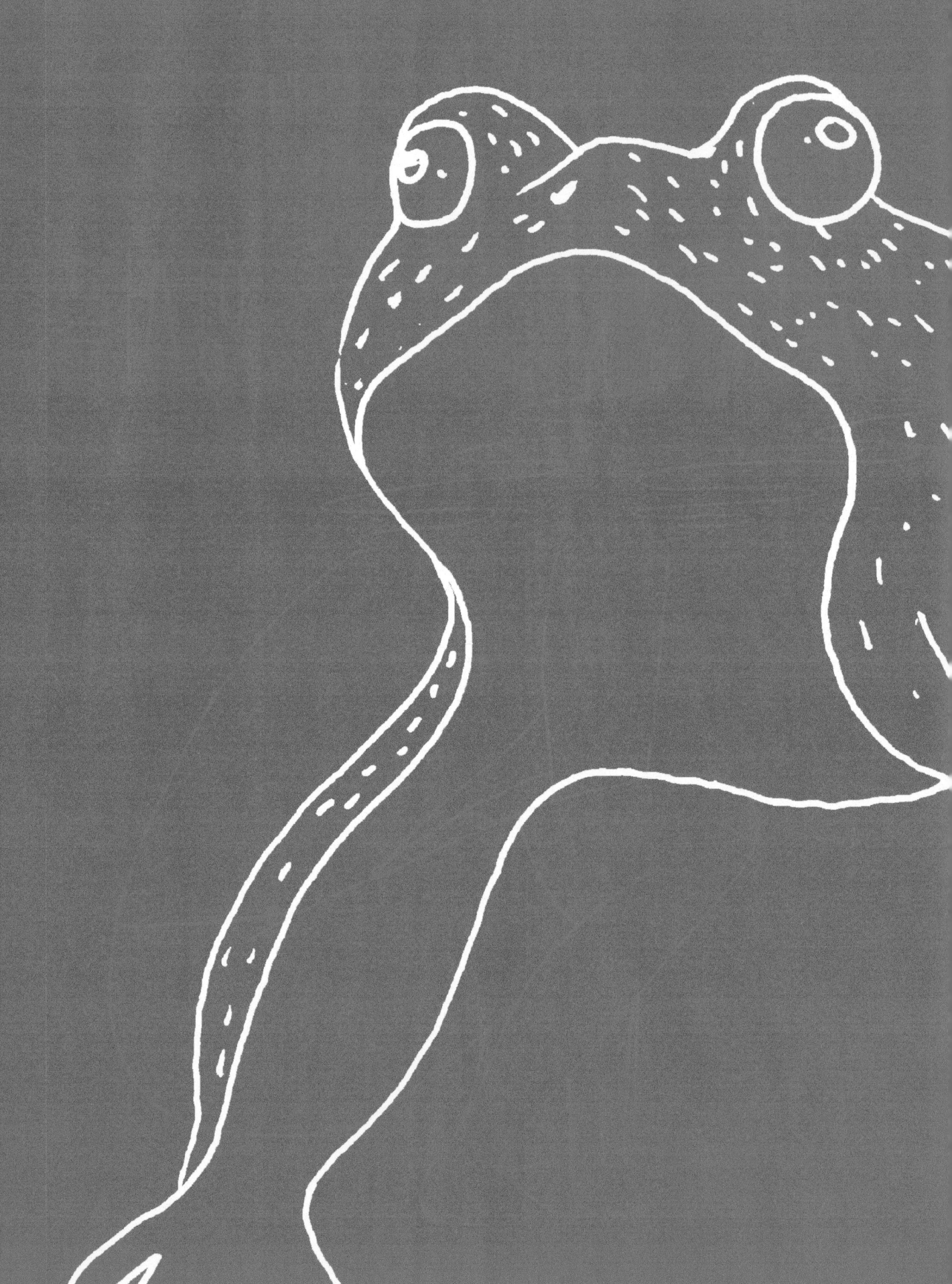

이 소리 들려요?

두꺼비일까요?

아니면 개구리일까요?

두꺼비는 여름밤에 우나요?

남보다 더 큰 소리로 울려고 애쓰는 걸까요?

올챙이를 재우려고 자장가를 부르는 걸까요?

개구리나 두꺼비 울음소리가 들리는지 밖으로 나가 볼래요?

양서류? 그게 어떤 동물이야?

양서류(amphibian)라는 단어에는 '두 가지 삶'이라는 뜻이 있어요. 정말 두 번 살까요? 어쩌면 그럴지도 몰라요. 개구리와 두꺼비는 올챙이 때는 물속에서 물고기처럼 아가미로 숨을 쉬며 살아요. 하지만 자라면서 꼬리가 짧아지고 아가미는 허파가 되어 땅 위로 올라가 살죠. 그래서 한 번은 물에서, 한 번은 땅에서, 두 가지 삶을 산다고 볼 수 있어요.

개구리와 두꺼비에 관해 더 알고 싶나요?

개구리의 **피부**는 털이나 비늘도 없이 얇고 매끄러워요. 그래서 물과 산소가 피부로 잘 스며들죠. 개구리는 주로 피부로 숨을 쉬어요. 허파가 있지만 효율성이 높지 않아 피부로도 숨을 쉬어야 필요한 산소를 다 얻을 수 있어요.

개구리는 대부분 밤이 되면 숨어 있던 곳에서 나와요. 기온이 낮보다 내려가고 피부가 햇볕에 노출되는 위험도 없기 때문이죠. 그래야 피부가 쉽게 마르지 않으니까요!

개구리도 뱀처럼 피부를 벗는다는 걸 알고 있나요? 개구리는 앞다리와 뒷다리를 써서 낡은 피부를 벗겨요. 때로는 벗긴 피부를 먹기도 하죠.

개구리의 **눈**과 **콧구멍**은 머리 위쪽에 있어요. 그래서 물속에서도 눈과 콧구멍을 물 밖으로 내밀 수 있어요.

개구리와 두꺼비의 이빨은 매우 작거나 아예 없어요. 하지만 강한 **턱**으로 먹이를 삼킬 수 있죠. 어떤 개구리는 **혀**를 내뻗어 먹이를 잡기도 한답니다.

개구리는 귀가 없어요. 하지만 머리 밖에 **고막**이 있어서 청력이 아주 좋답니다! 눈 뒤쪽에 있는 동그란 반점을 찾아봐요.

짝짓기 철이 되면 수컷 개구리는 암컷 개구리를 부르려고 개굴개굴 울어요. 턱 아래에 있는 **울음주머니**를 부풀려 소리를 내죠.

자기 몸길이의 20배가 넘는 거리를 뛸 수 있는 개구리도 있어요. 개구리의 **다리**는 특별하기 때문이에요. 뒷다리가 앞다리보다 훨씬 길어서 뛸 때 균형을 잘 잡아요. 긴 뒷다리 때문에 늘 앉아 있는 것처럼 보이기도 해요.

불도롱뇽

양서류는 왜 색이 화려할까요?

양서류의 색이 화려한 이유는 관심을 끌기 위해서예요. 천적에게 이렇게 경고를 하죠.

"내가 이렇게 화려한 건 맛있는 먹이가 전혀 아니란 뜻이야. 내게 독이 있을지도 몰라!"

검은색 바탕에 노란(때로는 붉은) 무늬가 있는 불도롱뇽은 눈 뒤쪽에 튀어나온 귀밑샘에서 독성 물질을 내보내요. 이 불도롱뇽을 먹은 뱀은 바로 토할 거예요. 독성 때문에 구역질이 날 테니까요!

양서류가 내보내는 일부 물질은 독이 없지만 우리 눈을 아프게 할 수 있어요. 그래서 양서류를 만진 뒤에는 항상 손을 깨끗이 씻어야 해요.

독성 물질은 어떻게 생기나요?

대부분 양서류가 먹은 곤충에서 얻어요.

재미있는 양서류 이야기

세계에서 가장 큰 양서류는 중국장수도롱뇽으로, 2미터까지 자란다고 해요!

세계에서 가장 작은 양서류는 파푸아뉴기니 숲에 사는 작은 개구리로, 크기는 7.7밀리미터밖에 되지 않아요. 세계에서 가장 작은 척추동물이기도 해요.

산파두꺼비의 학명 'Alytes'는 '마늘'이라는 뜻의 라틴어에서 파생했어요. 산파두꺼비는 괴롭힘을 당하면 강한 마늘 냄새를 풍기기 때문이에요.

유리개구리는 완전히 투명해요. 배를 보면 내장이 보일 정도예요. 에콰도르에 사는데 멸종 위기에 처했어요.

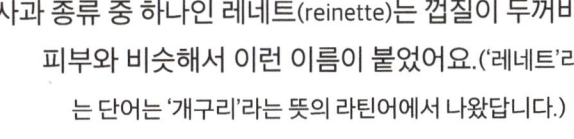

사과 종류 중 하나인 레네트(reinette)는 껍질이 두꺼비 피부와 비슷해서 이런 이름이 붙었어요. ('레네트'라는 단어는 '개구리'라는 뜻의 라틴어에서 나왔답니다.)

아마존 우림에 사는 화살개구리는 세계에서 가장 강한 독을 지니고 있어요. 그곳 원주민들은 이 독을 이용해 사냥을 해요. 화살개구리의 등에 화살촉을 살짝 갖다 대기만 해도 독이 묻는다고 해요.

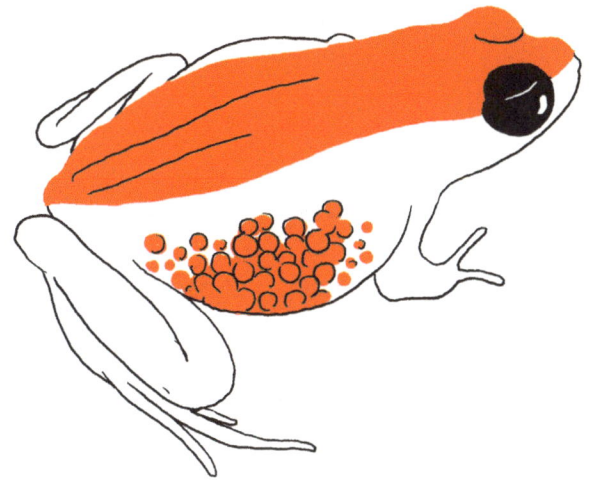

하지만 그렇게 맛이 없다면
어떤 동물이 개구리와 두꺼비를 잡아먹을까요?

양서류가 맛이 없다고 해도 양서류를 공격하고 잡아먹는 천적은 많아요.

- **❶ 물뱀**은 아직 **❷ 올챙이**인 **❸ 두꺼비**와 **❹ 개구리**를 먹어요.
- **❺ 민물고기**도 양서류의 **❻ 알**이나 올챙이를 먹어요. 그래서 어떤 지역에서는 양서류가 멸종하기도 해요.
- **❼ 황새**, **❽ 가면올빼미**, **❾ 족제비** 등도 양서류를 먹어요.

그리고 또 어떤 동물이 양서류를 먹느냐면요, 바로 다른 양서류예요. 불도롱뇽이 다른 도롱뇽을 먹기도 하죠!

양서류의 먹이에 관해 더 알아볼까요?

양서류는 대부분 육식동물이에요. 다른 동물을 먹는다는 뜻이죠. 주로 거미, 지렁이, 곤충 등을 먹어요. 하지만 개구리와 두꺼비가 올챙이일 때는 채식을 한답니다.

다 같은 양서류이지만, 달라요

전 세계 많은 지역에는 '개구리목'과 '유미목'이라는 두 종류의 양서류가 있어요. 하지만 일부 열대지방에는 '무족목'이라는 세 번째 종류도 있죠. 무족목은 꼬리나 다리가 없어서 지렁이처럼 생긴 양서류예요.

개구리목과 유미목을 구분하는 법

개구리목은 꼬리가 없어요. 앞다리보다 더 긴 뒷다리를 접어야 해서 늘 앉아 있는 것처럼 보여요.

예: 두꺼비, 개구리, 청개구리

청개구리

유미목은 꼬리가 있어요. 앞다리와 뒷다리의 길이가 비슷해요.

예: 도롱뇽, 영원

도롱뇽

녹색영원

춤추는 양서류도 있고 노래를 부르는 양서류도 있어요. 이게 다 사랑 때문이에요!

양서류는 각각 다른 방법으로 짝짓기할 짝을 찾아요. 개구리와 두꺼비는 노래를 부르고 영원과 도롱뇽은 몇 가지 동작을 이용해 춤을 춰요.

두꺼비나 개구리는 종마다 관심을 끌기 위해 부르는 특별한 노래가 있어요. 봄과 가을에 밤비가 많이 내린 뒤에는 암컷의 마음을 얻으려는 수컷의 노래를 종종 들을 수 있답니다.

도롱뇽과 영원은 수컷이 암컷을 쫓아가 암컷 앞에서 여러 동작을 반복하는 춤을 춰요. 도롱뇽은 땅 위에서 춤추지만 다른 유미목은 물속에서 춤추기 때문에 우리가 그 장면을 보기 어렵답니다. 짝짓기 철이 되면 많은 종의 수컷이 더 멋있어져요. 색이 더 화려해지거나 녹색영원처럼 등에 볏이 자라요.

개구리 잡기

봄과 여름에 근처 습지나 강둑으로 가면 그물로 개구리를 잡을 수 있어요. 개구리 외에도 영원이나 올챙이, 도롱뇽, 물에 사는 작은 곤충도 잡을 수 있을 거예요. 잡은 동물을 관찰한 뒤에는 꼭 자연으로 돌려보내도록 해요.

잊지 마요!

변온동물인 개구리는 생존을 위해 겨울잠을 자요. 긴 여름잠을 자는 종도 있고요.

양서류의 노래를 들으러 밤 산책을 나가요

어떤 양서류는 노래를 부르며 짝을 찾아요! 짝의 마음을 사서 짝짓기를 하려는 거죠. 양서류의 노래를 듣고 관찰도 하는 밤 산책을 계획해요.

언제 볼 수 있나요?
물론 밤이죠! 일 년 중 가장 좋은 시기는 3월과 5월 사이예요. 비가 많이 오고 양서류가 짝짓기하는 때니까요.

어디서 볼 수 있나요?
늪 같은 습지대가 가장 좋아요.

관찰 팁
- 비가 많이 온 뒤에 나가요. 개구리나 두꺼비 같은 양서류가 가장 활발하게 활동하는 때랍니다.
- 장화나 방수가 되는 신발을 신어요.
- 밤에 하는 외출이니 겉옷과 손전등을 챙겨요. 조심히 행동하고, 특히 어두우니까 조심스럽게 발을 디뎌야 해요! 그리고 항상 어른과 함께 나가도록 해요.
- 휴대전화를 이용해 양서류가 내는 소리를 녹음해요. 그리고 다음에 양서류를 찾으러 나가서 그 소리를 재생해봐요. 다른 동물이 그 소리에 어떤 반응을 하는지 확인해 봐요.

암탉만 알을 낳는 건 아니에요

양서류는 대부분 알을 낳아요. 개구리, 두꺼비, 도롱뇽, 영원은 알을 낳는 '난생동물'이에요. 이들이 알을 낳으면 새끼는 밖으로 나올 준비가 될 때까지 알 안에서 자라요. 개구리와 두꺼비의 알은 여러 개가 붙어서 나오는데 도롱뇽과 영원은 알을 한 개씩 낳아요.

불도롱뇽처럼 '난태생 동물'인 양서류도 있어요. 난태생 동물은 배 속에 알을 품고 있다가 부화하면 새끼를 몸 밖으로 내보내요.

알을 보고 양서류를 구분할 수 있어요

파슬리개구리
투명하고 젤리 같은 막에 싸인 어두운색 알을 낳아요. 알을 둘러싼 막은 넓적하고 짧은 가닥 형태예요.

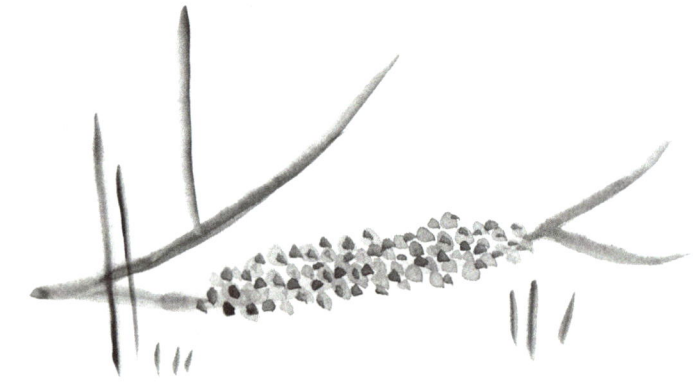

페레스개구리와 이베리아개구리
희끄무레한 갈색 알을 낳는데, 투명한 젤리 같은 막에 싸여서 커다란 덩어리처럼 보여요.

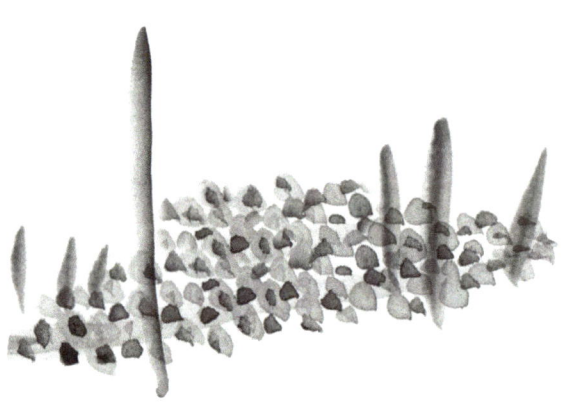

산파두꺼비
암컷이 기다란 알 주머니를 낳으면 수컷은 뒷다리로 알 주머니를 돌돌 말아 알에서 올챙이가 나올 때까지 등에 업고 다녀요.

점점 사라져 가는 개구리의 미스터리

몇 년 전 생물학자들은 전 세계에서 양서류 몇 종이 멸종 위기에 처한 사실을 발견했어요. 무슨 이유로 개체 수가 크게 줄어드는지 정확히 알 수는 없지만 다음과 같은 일이 동시에 일어나기 때문일지도 몰라요.

- 양서류의 서식지가 점점 사라져 가요. 생활하고 먹이를 찾을 곳이 없다면 양서류는 생존할 수 없죠.
- 양서류를 먹이로 삼는 새로운 천적이 등장한 것이 이유가 될 수도 있어요. 사람이 원래 그 장소에 없었던 종을 가져다 놓기 때문에 생기는 현상을 '외래종 도입'이라고 해요. 미국의 루이지애나가재가 유럽의 강에 전해진 일이 있었어요. 이 가재는 유럽의 많은 올챙이 종을 잡아먹었어요. 이전까지는 가재를 만난 적이 없다 보니 도망도 가지 않았고, 그래서 더 쉽게 '유럽' 양서류가 잡혀먹혔어요.
- 균과 바이러스로 퍼지는 질병 때문에 개구리가 사라지기도 해요. 환경에 독성 물질이 증가하고 기후가 변화해서 이런 일이 생겨요.

왜 다른 야생동물보다 양서류가 더 큰 피해를 보나요?

양서류의 피부 때문이에요. 물이 오염되면 위험한 물질이 양서류의 피부를 통해 몸으로 쉽게 들어가요. 공기나 흙에 있는 독소나 균도 마찬가지예요. 생물학자들은 멸종 위기에 처한 동물을 연구하던 중에 이러한 사실을 발견했어요. 처음으로 조사한 종은 황금두꺼비로, 코스타리카에 살았지만 지금은 멸종했어요.

개구리일까요, 두꺼비일까요?

첫눈에 개구리인지 두꺼비인지 구별하기는 쉽지 않아요. 보통 피부가 더 부드럽고 물 가까이에 사는 동물을 개구리라고 해요. 피부가 더 거칠고 땅 위에서 많은 시간을 보내는 동물은 두꺼비라고 하죠. 하지만 사실 개구리와 두꺼비는 많이 비슷해요. 생물학자들도 둘 사이에 실질적인 차이가 없다고 생각한답니다. 청개구리는 발에 빨판이 달려서 구분하기가 더 쉬워요. 이런 발 덕분에 청개구리는 위로도 잘 올라가죠.

어떤 특별한 종

- - - - - - - - - - - - - - - - -

이베리아쟁기발두꺼비는 뒷다리에 쟁기처럼 생긴 검은색 굳은살이 있어서 이런 이름이 붙었어요. 이 다리를 이용해 모래를 파서 천적을 피하고, 건기에는 햇볕을 피하기도 해요.

불도롱뇽은 불꽃 속에서 부화한다고 해서 이런 이름이 붙었어요. 불도롱뇽이 장작 사이에 숨을 때가 많아서 나온 말일 거예요. 사람들이 장작에 불을 붙이려 하면 불도롱뇽이 얼른 도망쳐 나왔을 테니까요. 통구이가 되고 싶은 동물은 없겠죠? 도롱뇽도 그래요!

- - - - - - - - - - - - - - - - -

두꺼비

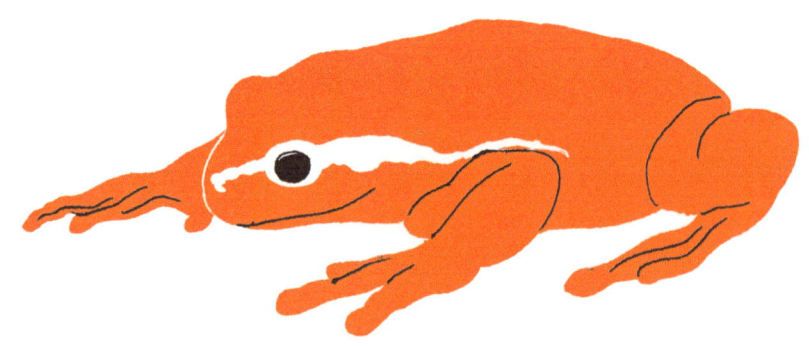

청개구리

개구리에게 뽀뽀하면 어떤 일이 생길까요? 궁금해도 개구리에게 뽀뽀하면 안 돼요! 멋진 왕자님으로 변한 개구리를 마주하는 대신 입술만 간지러워질 거예요.

승리자와 피해자

전 세계에는 7400여 종의 양서류가 있어요. 일부는 매우 특별한 서식지에 적응한 상태여서 아주 작은 변화가 생기더라도 멸종할 가능성이 높죠. 이 정도로 특별한 환경에서만 살지 않는 종은 매우 다른 서식지에서 살기도 해요. 따라서 여러 나라나 대륙 전체로 퍼질 수도 있죠. 하지만 적응력이 좋은 종도 사람이 다른 지역으로 데리고 가면 대부분 좋지 않은 결과가 나타나요.

승리자가 된 양서류

서식지를 떠나 널리 퍼진 양서류로 아프리카발톱개구리를 꼽을 수 있어요. 본래 남동 아프리카의 강과 호수에서 살았지만 오늘날에는 유럽, 북아메리카, 남아메리카, 아시아의 여러 곳에서도 볼 수 있죠.

아프리카발톱개구리는 임신 테스트 같은 실험용 동물로 생물학자들이 자주 사용했어요. 과거에는 임신했는지를 알기 위해 병원에 가면 의사는 주사기로 여성의 소변을 개구리 몸에 조금 넣었어요. 그리고 다음 날 아침, 그 개구리가 어항에 알을 낳으면 임신이라고 판단했어요! 하지만 이 임신 테스트가 중단되자 수많은 개구리를 야생으로 보냈을 거예요. 그래서 자연환경이 엉망이 되었고요.

도롱뇽의 속임수

멸종 위기에 처한 붉은등도롱뇽은 독특한 재능이 있어요. 대부분의 양서류와는 다르게 꼬리를 잘라 천적을 따돌릴 수 있죠. 천적이 제 꼬리를 먹느라 정신이 없는 틈을 타 후다닥 도망친답니다! 이렇게 스스로 신체 일부를 떼어 내고도 살 수 있는 능력을 '제자르기'라고 해요.

아프리카발톱개구리는 눈앞에 보이는 모든 것을 먹어 치워요. 다른 양서류의 올챙이까지 말이죠. 게다가 질병을 퍼뜨려서 전 세계 생태계의 균형을 깨뜨리기도 해요.

피해자가 된 양서류

어떤 양서류는 전염병처럼 퍼진 반면, 서식지에 들어온 새로운 종 때문에 고통을 받는 양서류도 있어요. 키토몽당발두꺼비와 라스베가스표범개구리는 외래종 때문에 멸종했어요. 키토몽당발두꺼비는 송어 때문에 사라졌고, 라스베가스표범개구리는 황소개구리 때문에 사라졌어요. 개체 수가 아주 많은 종도 외래종이 들어오면 영향을 받을 수 있어요.

붉은등도롱뇽은 숲속 통나무나 이끼, 마른 잎 아래에 숨는 걸 좋아해요. 하지만 외래 지렁이가 숲 바닥에 있는 마른 잎의 양을 줄였고, 마른 잎 아래에서 사는 작은 동물의 수도 줄었어요. 결국 붉은등도롱뇽의 먹이가 줄어든 셈이죠. 북아메리카 지역에서 흔히 볼 수 있었던 붉은도롱뇽의 개체 수는 크게 줄어들었어요.

그들은 북극과 남극, 산과 평야, 사막과 대도시 등 지구 어느 곳에나 있어요. 땅과 하늘, 그리고 바다의 파도까지 정복했죠. 맞아요. 그들은 새예요! 하늘 높이 미끄러지듯 날아가는 새를 보며 우리는 이렇게 생각해요.

나도 날 수 있다면 얼마나 좋을까요?

새는 다른 동물과 어떻게 다를까요?

새와 다른 동물의 차이점은 깃털이에요. 오직 새만이 가진 특징이죠. 하지만 옛날부터 그랬던 건 아니에요. 수백만 년 전에 깃털로 덮인 동물이 있었는데 새라고 볼 수는 없었어요. 바로 공룡이었죠. 그래서 새를 파충류로 분류해야 한다고 주장하는 생물학자도 있어요.

누구 말이 맞을까요?
누구 말이 맞는지 알 수는 없지만 한 가지는 분명해요. 새는 공룡, 그중에서도 유명한 티라노사우루스 렉스와 같은 군에서 진화했어요. 심지어 생물학자들은 이 무시무시한 포식자와 닭 사이에 비슷한 점을 몇 가지 발견했어요! 하지만 오늘날의 새와 파충류는 매우 달라서 대부분의 생물학자는 다른 군으로 분류하죠.

날 수 있다면 다 새인가요?
아니요. 날아다니는 동물이지만 새가 아닌 경우도 많아요. 파리와 나비 같은 수많은 곤충과 박쥐 같은 포유류처럼요. 하지만 새처럼 긴 시간을 멈추지 않고 멀리 나는 동물은 없어요. 대부분의 비행기도 그렇게는 하지 못해요.

어떤 새가 세계기록을 세웠나요?
장거리 비행 기록을 세운 새는 바로 큰뒷부리도요예요. 이 새는 멈추지 않고 한 번에 약 1만 2000킬로미터를 날 수 있어요. 미국 알래스카주에서 뉴질랜드까지 가는 거리죠. 큰뒷부리도요는 이 거리를 비행하는 9일 동안 아무것도 먹거나 마시지 않아요.

새는 어떻게 날 수 있나요?

새의 몸은 비행에 알맞은 형태예요. 다음과 같은 특징이 있죠.

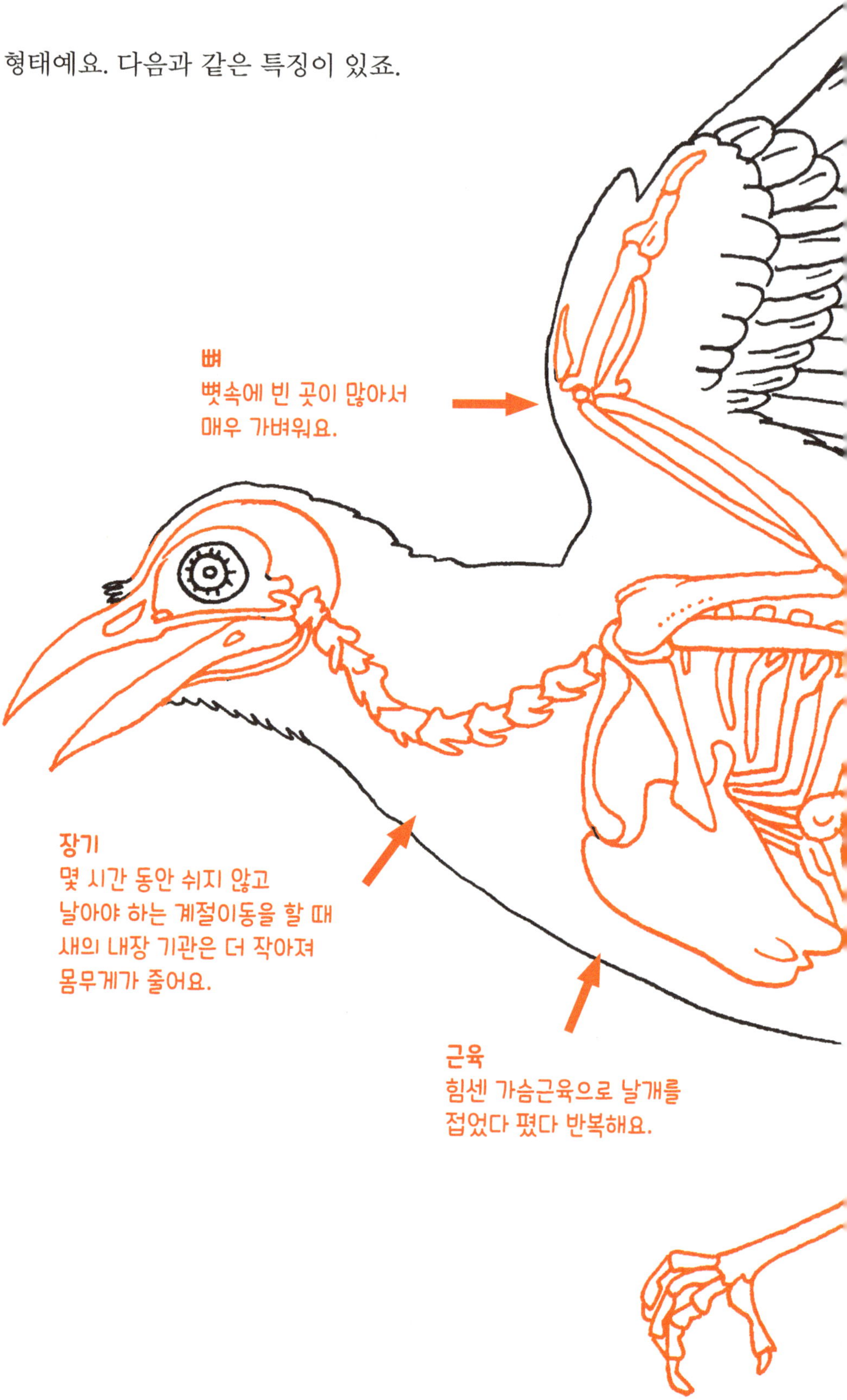

뼈
뼛속에 빈 곳이 많아서 매우 가벼워요.

깃털과 부리
사람의 머리카락과 같은 성분인 케라틴으로 만들어져 매우 가벼워요.

장기
몇 시간 동안 쉬지 않고 날아야 하는 계절이동을 할 때 새의 내장 기관은 더 작아져 몸무게가 줄어요.

근육
힘센 가슴근육으로 날개를 접었다 폈다 반복해요.

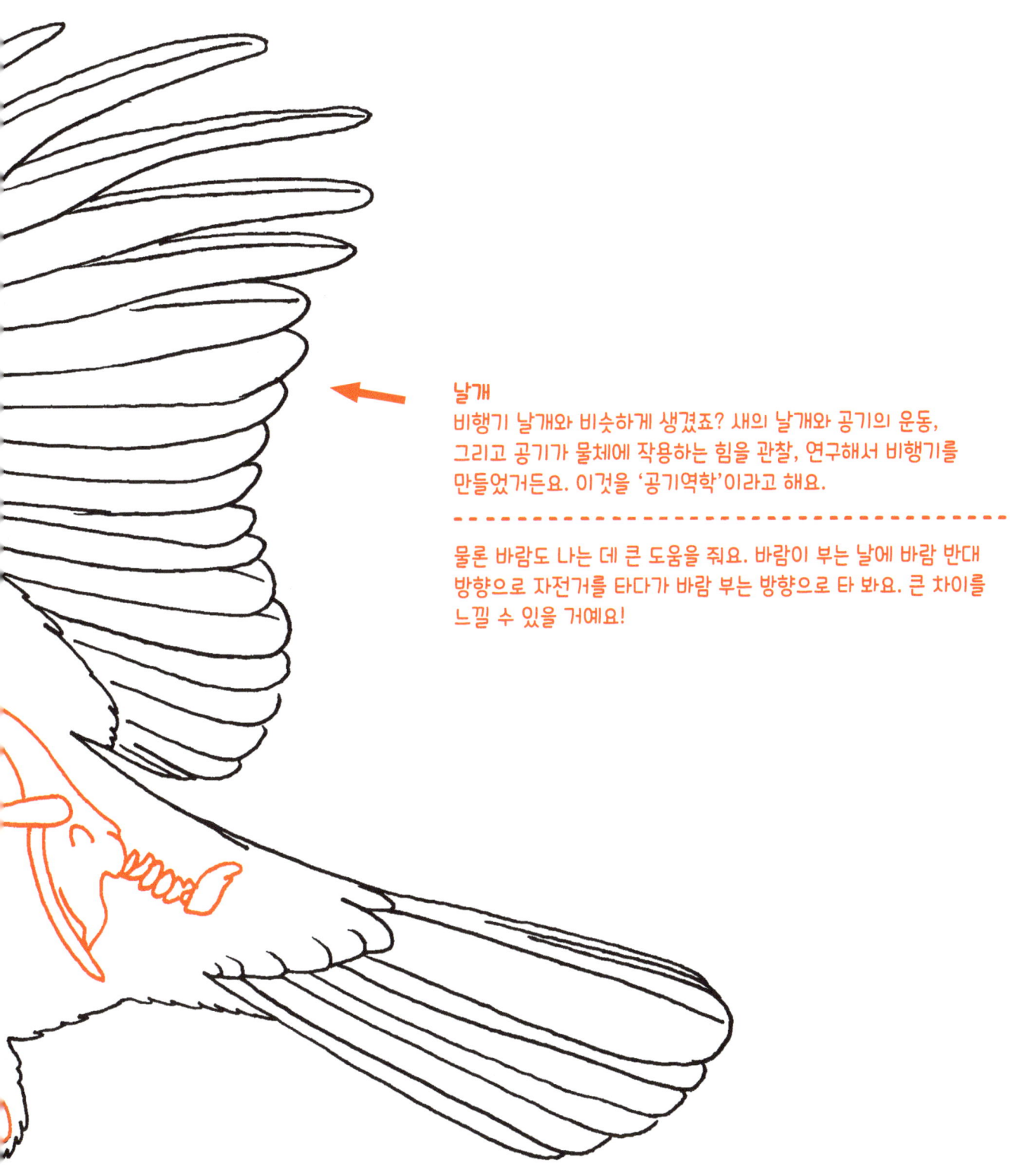

날개
비행기 날개와 비슷하게 생겼죠? 새의 날개와 공기의 운동, 그리고 공기가 물체에 작용하는 힘을 관찰, 연구해서 비행기를 만들었거든요. 이것을 '공기역학'이라고 해요.

물론 바람도 나는 데 큰 도움을 줘요. 바람이 부는 날에 바람 반대 방향으로 자전거를 타다가 바람 부는 방향으로 타 봐요. 큰 차이를 느낄 수 있을 거예요!

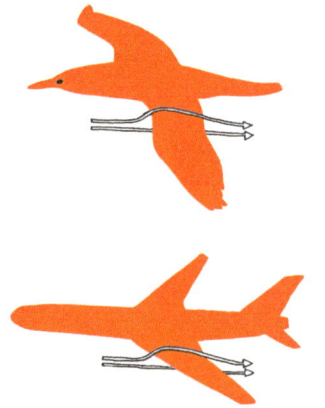

공기역학적 날개란 무엇인가요?

옆에서 보면 새의 날개는 물방울을 반으로 잘라 놓은 것처럼 생겼어요. 비행기의 날개와 비슷하죠. 이런 모양 때문에 날개 아래쪽의 공기와 날개 위쪽의 공기가 서로 다른 속도로 지나서 새의 몸이 떠오르게 되는 거예요.

어떤 새가 가장 빠른가요?
송골매가 가장 빨라요. 송골매는 시속 300킬로미터 이상으로 날 수 있어요! 송골매는 가장 빠른 새이자 가장 빠른 동물이에요.

어떤 새가 가장 높이 날까요?
가장 높이 나는 새는 인도기러기예요. 이 기러기는 몽골에 사는데 매년 계절이동을 할 때 세계에서 가장 높은 산맥인 히말라야산맥을 지나 인도로 날아가요. 생물학자들이 인도기러기의 등에 작은 GPS 장치를 달아 나는 높이를 확인했는데 무려 7000미터였다고 해요!

자세히 살펴보면
하지만 가장 높이 나는 새가 인도기러기가 아니라는 게 곧 밝혀졌어요. 바로 루펠독수리였죠. 루펠독수리가 고도 1만 1000미터에서 날다가 비행기와 부딪치는 일이 있었어요. 루펠독수리는 죽었고, 비행기는 고장이 나긴 했지만 무사히 착륙할 수 있었어요.

날개를 가장 빨리 파닥거리는 새는요?
바로 아메시스트벌새예요. 모든 벌새는 매우 빠르게 날개를 움직이지만 이 벌새는 초당 80번을 움직여요. 이렇게 빠르게 날개를 움직이는 이유는 꽃의 꿀을 먹는 동안 꽃 앞에 머무르기 위해서예요.

어떤 새가 가장 멀리 계절이동을 하나요?
쉬지 않고 가장 멀리 이동하는 새는 앞에서 말한 대로 큰뒷부리도요예요. 하지만 가장 멀리 이동하는 새는 북극제비갈매기예요. 이 새는 가을마다 북극해에서 남극해로 날아가요. 북극제비갈매기는 다른 기록도 세웠어요. 바로 여름 기후에서 가장 많은 시간을 보내는 거죠. 마치 여름과 따뜻한 기온을 따라다니는 것처럼요.

닭도 새인데 왜 날지 못하나요?

사실 닭도 날개를 살짝 퍼덕거리기도 하고, 동남아시아 야생 지역에 사는 닭의 사촌은 실제로 날기도 해요. 하지만 날개를 퍼덕거리는 것조차 못하는 새도 있어요. 날 필요가 없다 보니 나는 능력을 잃게 됐죠. 가장 대표적인 경우가 타조와 펭귄이에요.

펭귄일까요, 아닐까요?

펭귄은 남극 바다의 찬물에서만 살아요. 펭귄과 같은 종류는 아니지만 비슷한 특징이 있고, 다른 지역에 사는 새들이 있어요. 바다오릿과 새처럼요. 이 새들은 날 수는 있지만 펭귄처럼 바닷속 깊이 잠수하기도 하고 검은 턱시도에 흰색 셔츠를 입은 것처럼 생겼죠. 왜 이렇게 생겼을까요?

바다오릿과 새인 레이저빌은 물속에 있을 때 배가 아래로 향하게 자세를 잡아요. 그래야 바다 아래쪽에 있는 물고기들이 레이저빌의 흰색 배를 빛이 들어오는 바다의 수면으로 착각하니까요. 바다 위쪽에 있는 동물들 역시 레이저빌의 검은 등을 어두운 바닷속과 헷갈려 레이저빌을 잘 보지 못해요. 이렇게 레이저빌은 먹잇감이나, 천적의 눈에 잘 띄지 않게 생겼답니다.

바다오리

어떻게 어느 곳에나 새가 있나요?

새만큼 전 세계에 퍼진 동물군은 없어요. 그 이유는 새가 날 수 있기 때문이에요. 새는 다른 동물들은 갈 수 없는 먼 곳까지 날아서 이동할 수 있어요. 또 새는 여러 서식지의 특성에 맞게 적응했기 때문에 몸의 크기와 색이 다양하고 부리와 발의 모양도 저마다 다 다르답니다.

다양한 발

먹이를 붙잡기 좋게 발달한 발톱
예: 독수리

헤엄치는 데 편리한 발가락 사이의 물갈퀴
예: 오리

나뭇가지를 붙잡기 가장 좋은 형태인 앞을 향한 발가락 세 개와 뒤를 향한 발가락 하나
예: 울새와 다른 작은 새들

빨리 달릴 수 있도록 전부 앞을 향한 발가락 세 개
예: 세가락도요

헤엄치거나 늪에서 걷기에 좋은 둥근 돌출 모양의 물갈퀴가 달린 발가락
예: 물닭

다양한 부리

새의 부리는 다양한 서식지와 먹이에 맞게 적응했어요. 씨앗을 먹기에 좋은 부리도 있고, 물고기를 잡는 데 편한 부리도 있죠.

슴새
다른 바닷새와 마찬가지로 슴새의 부리도 바다에서 생활하는 데 적응했어요. 슴새는 부리로 물고기와 오징어를 잡아먹어요. 부리 위쪽에 있는 작은 관을 이용해 먹이에 묻어 있는 소금기를 제거하죠.

콩새
씨앗을 먹고 살아요. 새 중에서 부리가 가장 단단해서 체리씨까지 쪼갤 수 있어요.

딱따구리
매우 단단한 부리로 나무줄기에 구멍을 뚫어요. 그리고 길고 끈적끈적한 혀를 구멍에 넣어 곤충을 잡아먹죠.

쏙독새
밤에 주로 활동하면서 곤충을 잡아먹어요. 입 주위에 민감한 털이 나 있어 어둠 속에서도 먹이를 발견할 수 있어요.

북극제비갈매기
공중에 있다가 물속으로 잠수해 작은 물고기를 잡아먹어요. 좁은 부리는 이런 사냥 방법에 알맞답니다.

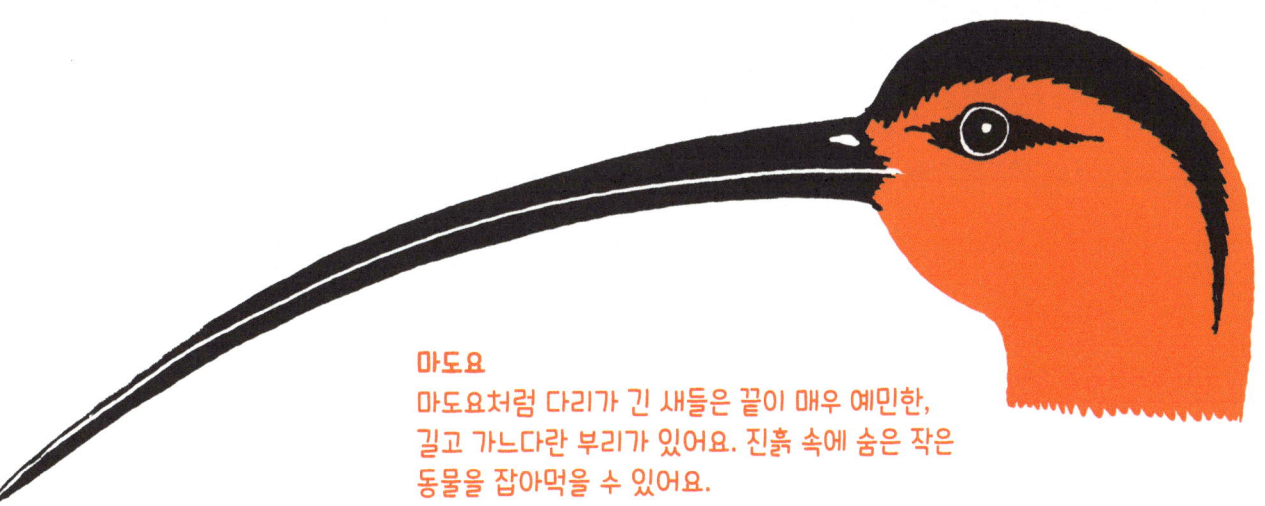

마도요
마도요처럼 다리가 긴 새들은 끝이 매우 예민한, 길고 가느다란 부리가 있어요. 진흙 속에 숨은 작은 동물을 잡아먹을 수 있어요.

저어새
주걱 모양으로 생긴 부리는 물속에서 먹이를 잡아먹기에 편해요. 먹이는 연체동물, 갑각류, 곤충, 물고기부터 양서류까지 매우 다양하답니다.

검은턱할미새
할미새처럼 곤충을 먹는 새는 부리가 매우 가늘어서 먹이를 정확하게 잡을 수 있어요.

홍학
그물 역할을 하는 부리를 물속에 넣으면 갑각류 등 작은 동물이 그 안에 들어가 꼼짝없이 잡히죠.

오리
물에 사는 작은 동물과 식물을 먹는데, 부리 주변에 있는 고운 깃털이 불순물을 걸러 줘요.

송골매
부리가 매우 강하고 날카로워요. 먹이가 되는 동물의 살을 뜯기에 아주 좋아요.

새는 어디에 둥지를 짓나요?

새는 둥지를 지을 장소를 아주 신중히 결정해요. 나중에 알을 낳고 새끼가 태어날 곳이 될 테니까요! 바닥이든, 나무 위든, 굴 안이든, 차고 벽 구멍이든 둥지가 천적으로부터 안전해야 한다는 점이 가장 중요해요.

둥지의 종류와 위치

바닥에 둥지를 짓고 주변에 있는 작은 돌을 모아 둥지가 잘 안 보이게 보호하는 새도 있어요.

작은 굴 안에 둥지를 짓는 새도 있고,

나무에 난 구멍을 이용하는 새도 있어요.

작은 새는 주로 식물의 잎 사이나 나뭇가지 사이에 둥지를 지어요. 이런 둥지는 보통 그릇 모양이에요.

사람이 만든 구조물인 전봇대나 지붕에 둥지를 짓는 새도 있어요. 제비나 황새처럼요.

독수리는 강 가까이에 있는 바위 턱에 둥지를 지어요.

새집은 어떻게 만드나요?

- 나무가 별로 없는 곳, 특히 구멍이나 파인 부분이 많은 오래된 나무가 별로 없는 곳이라면 여러분이 만든 새집으로 새가 찾아 올 가능성이 높아요.

- 새집을 만드는 데 가장 좋은 시기는 늦가을부터 초겨울 사이예요. 새는 겨울에 둥지를 지을 곳을 찾기 때문에 빈 새집을 발견한다면 그 집을 선택할지도 몰라요!

- 새는 새집이 어느 정도 가려져서 보호받을 수 있는 곳을 둥지로 선택해요. 예를 들어 나뭇가지나 나뭇잎이 집과 햇빛을 가려주는 장소를 좋아하죠. 입구가 바람이 잘 부는 쪽을 향하지 않도록 해야 해요. 그래야 추위나 바람, 비를 피할 수 있으니까요.

- 바닥에서 적어도 3~4미터 높이에 새집을 만들어요. 살짝 아래를 향하게 기울여서 빗물이 안으로 들어가 고이지 않도록 하고요.

- 새집을 만들고 나서 바로 새가 오지 않을 수 있다는 점을 생각해요. 시간이 좀 걸릴 수도 있고 새가 영영 오지 않을 수도 있어요.

중요한 팁: 때로는 새집 안에 모래나 나뭇잎을 조금 넣어 두면 도움이 돼요. 둥지를 짓지 않는 작은 올빼미가 집에 들어와 낳은 알이 이리저리 굴러다니는 걸 막아 줄 거예요.

검은머리꾀꼬리

새는 왜 노래를 부르나요?

봄날 아침에 울새가 노래 부르는 소리를 들어 봤나요? 검은머리꾀꼬리 노랫소리는요? 새는 노래를 잘 부르기로 유명하죠. 대부분의 새는 수컷이 노래를 불러요. 암컷의 마음을 얻기 위한 노랫소리지만 다른 수컷에게 너무 가까이 오지 말라는 경고이기도 하죠.

"이봐, 이쪽으로는 오지 마. 여기는 내 구역이야!"

새의 노랫소리를 녹음해요

새가 많은 곳에 가서 새들이 내는 소리를 녹음해요. 그런 뒤 소리로 어떤 새인지 알아맞혀 봐요. 녹음한 소리를 그냥 즐겁게 들어도 좋아요.

모든 새가 알을 낳나요?

모든 새는 알을 낳아요. 하지만 알 모양은 달라요. 큰 알도 있고 작은 알도 있으며, 더 둥글거나 길쭉하거나, 색깔이 짙거나 엷거나, 얼룩무늬가 있거나, 표면이 거칠거나 매끄럽기도 하죠. 알은 전부 흰자위와 노른자위의 형태로 생겨나 시간이 지나면서 새끼로 자라게 된답니다.

여러 종류의 알

색과 모양만 보고도 어떤 새의 알인지 알 수 있어요. 알을 발견한 지역에 주로 어떤 새들이 둥지를 틀고 있는지 알면, 새에 관한 정보가 실린 책에서 사진이나 그림을 찾아 비교해 가며 확인할 수 있죠.

새끼는 태어난 지 얼마 뒤에 둥지를 떠날까요?

어떤 새는 태어나자마자 힘이 넘쳐서 알에서 나온 지 몇 분 뒤에 달리기도 하고 스스로 먹을 수도 있어요. 자고새가 그렇죠. 둥지에서 부모가 주는 먹이를 먹으며 몇 주에서 몇 달을 보내는 새끼도 있어요. 찌르레기는 둥지에서 2~3주 동안 부모 새가 분주하게 갖다주는 먹이를 먹는답니다.

새는 무엇을 먹나요?

답은 간단해요. 당연히 새 모이를 먹죠! 새장에 사는 새는 사람이 주는 모이를 먹고, 밖에서 만나는 야생의 새는 꽤 다양한 모이를 먹어요. 생물학자들은 무엇을 먹느냐에 따라 새를 구분하는데 쉬운 작업은 아니에요. 때로는 좋아하는 먹이가 달라지기도 하고 주변 환경에 따라 다른 것을 먹어서 헷갈리게 하거든요. 보통 다음과 같이 구분해요.

곡식 조류와 과식성 조류는 주로 씨앗과 과일을 먹어요.
예: 참새

어식성 조류는 주로 물고기를 잡아먹어요.
예: 물총새, 물수리

식충성 조류는 곤충이나 거미, 지렁이를 잡아먹어요.
예: 딱새, 벌잡이새

물총새

송골매

송골매 이야기

송골매는 전 세계에 분포하는데, 시골과 도심에서 모두 볼 수 있어요. 대도시 건물에 둥지를 짓기도 하거든요. 하지만 늘 이렇게 흔하지는 않았어요. 20세기 중반에는 멸종 위기에 놓이기도 했답니다.

사냥과 DDT 같은 살충제 사용으로 한때 송골매 수가 줄어들었어요. 하지만 생물학자들의 노력 덕분에 우리는 멋있는 맹금류인 송골매를 여전히 감탄하며 볼 수 있답니다.

송골매는 세계에서 가장 빠른 동물이에요. 송골매가 그토록 빨리 나는 이유는 하나예요. 송골매는 오로지 다른 새만 먹는데, 날아가는 새를 잡아야 하니까 빨리 날 수밖에 없죠.

송골매는 먼 거리를 계절이동하는 새로도 유명해요. 어떤 송골매는 거리가 1만 5000킬로미터 정도 되는 번식지와 월동지 사이를 해마다 이동해요. 이렇게 이동할 때는 하루에 190킬로미터까지 날아가요.

송골매에 관한 또 다른 사실
- 송골매는 짝이나 서식지를 한번 정하면 평생 유지해요.
- 사막, 툰드라, 열대 지역, 도시 등 다양한 서식지에 살아요.
- 암컷은 알을 서너 개 낳고 수컷과 함께 알을 품어요.

새의 종류는 어떻게 확인할까요?

준비물
쌍안경, 새의 종류를 확인할 수 있는 휴대용 도감, 공책, 색연필

- 가까운 마당이나 정원에서 관찰을 시작해요. 맑은 날 아침 일찍 밖으로 나가 주변을 날거나 땅이나 전깃줄, 나뭇가지 위에 내려앉은 새를 관찰해요.

- 쌍안경이 있으면 더 자세히 볼 수 있어요. 새의 크기, 깃털 색깔, 부리나 발의 크기와 모양, 새의 행동을 살펴봐요. 노래를 부르고 있나요? 무언가를 찾고 있나요? 가만히 서 있나요, 아니면 폴짝폴짝 뛰며 돌아다니나요?

- 새가 혼자 다니는지, 여러 마리가 함께 다니는지도 관찰해요.

- 노랫소리를 들어 봐요. 어떻게 들리나요? 소리가 높나요, 낮나요? 소리가 이어지나요, 아니면 중간에 끊기나요? 어떤 소리와 비슷한가요?

- 관찰한 새를 휴대용 도감에서 찾아봐요. 서로 비슷한 종도 있어서 처음에는 구별하기가 어려울 거예요. 하지만 경험이 쌓일수록 점점 더 쉬워져요.

봄에는 왜 제비만 보이나요?

우리가 여름에 휴가를 떠나는 것처럼 일 년에 한 번 길게 여행을 가는 새가 많아요. 하지만 새는 생존을 위해 여행을 한다는 점이 달라요. 추위를 견디지 못해 이동하는 새도 있고, 살던 곳에 먹을 것이 떨어져 다른 데로 이동하는 새도 있어요. 둘 다에 해당해서 떠나는 새도 있죠. 이렇게 이동하는 일을 '계절이동'이라고 해요.

제비와 칼새, 두 새를 구별할 수 있나요?

새는 어디로 이동하나요?

사는 곳 근처로 이동하는 새도 있지만 지구 반대편까지 가는 새도 있어요.

밖으로 나가면 철새를 볼 수 있나요?

장소와 계절에 따라 다양한 종을 만날 수 있죠. 예를 들어, 오리와 물떼새 무리는 보통 북극 근처 등 북반구 지역에서 번식을 한 뒤 더 따뜻한 곳으로 이동해 겨울을 나요. 겨울이 되면 이 새들을 따뜻한 지역의 습지대나 바닷가에서 볼 수 있어요. 작은 새들은 대부분 겨울을 남반구에서 보낸 뒤 번식하러 봄에 돌아와요. 잘 알려진 새로 칼새, 제비, 뻐꾸기가 있어요.

큰점무늬뻐꾸기

멸종 위기에 처한 새

사람과 새는 오랜 기간 함께했지만 새는 사람을 이길 수 없었어요. 서식지 파괴, 사냥, 불법 포획 등으로 많은 새가 멸종 위기에 놓여 있어요. 특히 독수리와 두루미목에 속하는 느시는 현재 멸종 위기에 처한 새로 꼽혀요.

멸종 위기에 처한 새를 도와주고 싶은가요?

멸종 위기에 처한 새는 전 세계에서 1300종이 넘어요. 다행히 많은 사람이 이 새들을 구하는 데 관심을 쏟고 있어요.
우리도 도울 수 있어요. 보호 활동에 참여해서 직접 돕거나, 위기에 처한 새를 돕는 일에 관해 친구들과 이야기하면서 간접적으로 도울 수도 있죠.

느시

독수리

철새가 계절이동을 하는 모습을 보러 나가요

- - - - - - - - - - - - - - - -

계절이동을 하는 새들은 이동 중이라서 한곳에 오래 머물지는 않아요. 하지만 발견하기는 쉬워요.

● 언제 볼 수 있나요?
8월과 11월은 철새를 보기에 가장 좋은 달이에요. 4월과 5월에도 볼 수 있어요.

● 어디에서 볼 수 있나요?
계절이동 기간에는 어디에서든 철새를 볼 수 있지만 가장 많이 볼 수 있는 곳은 강어귀와 호수 근처예요.

- - - - - - - - - - - - - - - -

늘 땅 가까이에 있는 동물
파충류

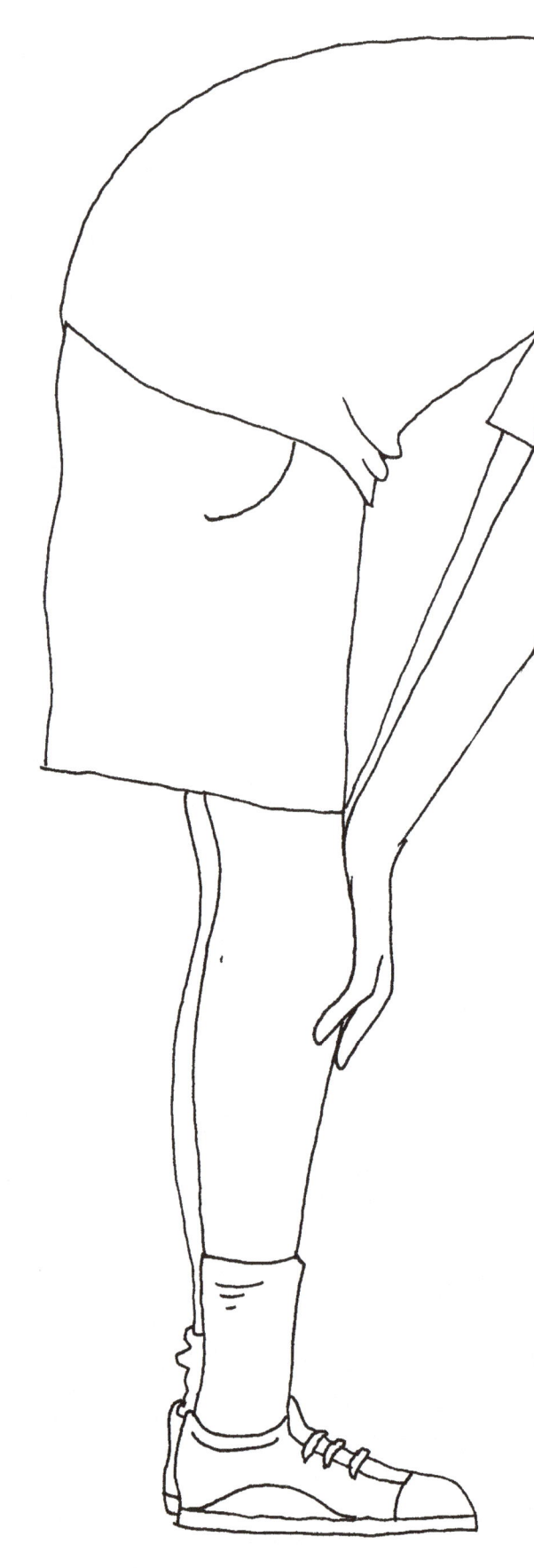

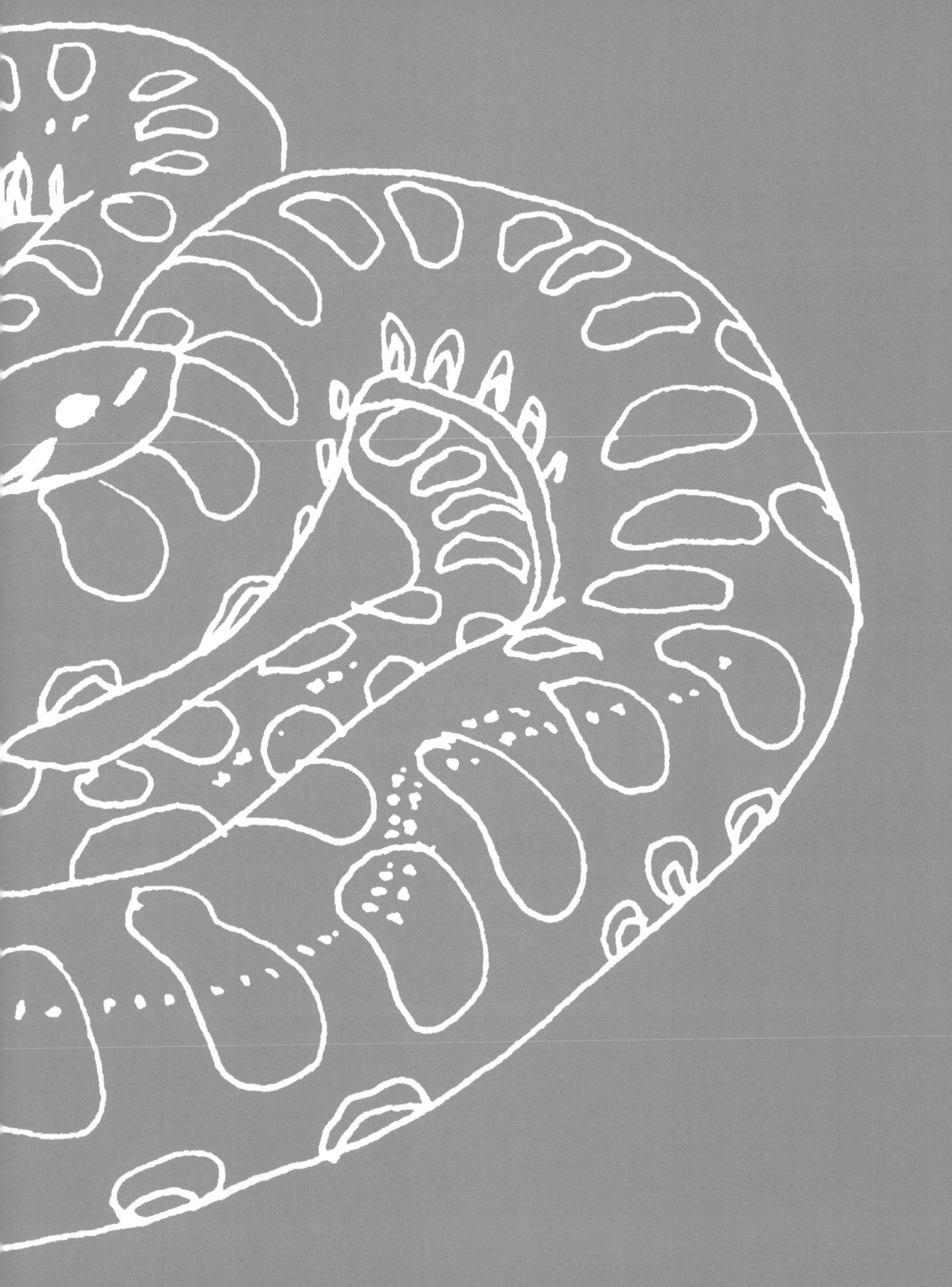

파충류는 영어로 '렙타일(reptile)'이라고 해요. 이 단어는 '기어 다니는 것'이라는 뜻의 라틴어에서 생겨났어요. 파충류를 무서워하는 사람이 많아요. 섬뜩하다는 사람도 있죠. 하지만 독이 있는 독사를 제외하고는 사실 두려워해야 할 이유는 없어요.

밖으로 나가 파충류를 찾아볼까요? 늘 땅 가까이에 있을 거예요. 아니면 벽에 붙어 있거나요.

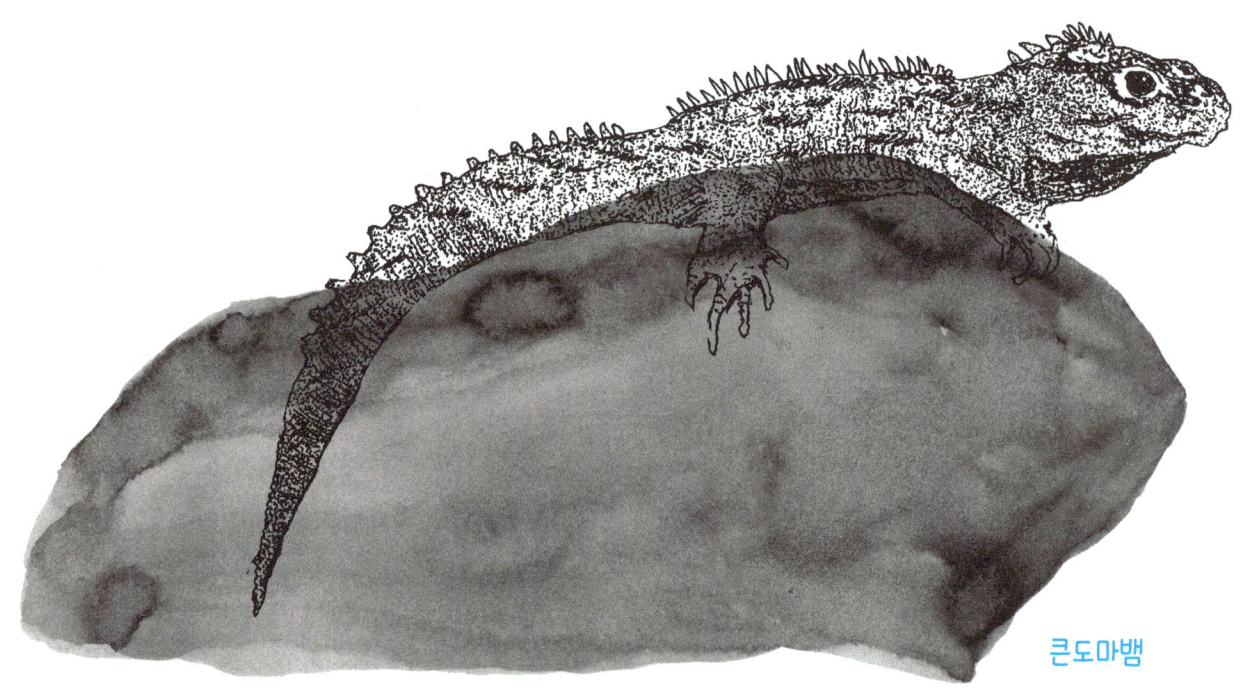

큰도마뱀

파충류는 어떤 동물인가요?

봄이나 여름에 파충류를 만지면 따뜻해요. 파충류는 주변 기온에 따라 체온을 바꾸기 때문이에요. 우리 몸과 다르게 파충류의 몸은 스스로 열을 만들지 못하고 필요한 열을 외부에서 얻어요.

파충류는 하루의 첫 끼를 먹기 전에 몸을 따뜻하게 만들어야 해요. 그러지 않으면 먹이를 잡을 힘이 부족할 수 있어요. 그래서 햇볕을 쬐는 파충류를 자주 만날 수 있답니다! 생물학자는 이런 동물을 '변온동물'이라고 불러요.

양서류와 달리 파충류는 물이 아닌 땅 위에서 대부분의 시간을 보내요. 그렇다 보니 몸에서 수분을 너무 많이 뺏기지 않도록 비늘이 있어요. 정리하자면 파충류는 몸이 비늘로 덮인 변온동물이며, 주로 땅 위에서 기어 다녀요.

비늘을 보여 줘

비늘은 무엇으로 만들어졌나요?
파충류의 비늘은 케라틴으로 만들어졌어요. 이 성분은 우리 머리카락과 손톱, 새의 깃털과 부리에도 있어요.

파충류의 비늘은 물고기의 비늘과 같나요?
아니요. 조금 달라요. 파충류의 비늘은 피부의 가장 바깥 부분(표피)에서 만들어지고, 물고기의 비늘은 피부의 가장 안쪽 부분(진피)에서 만들어져요.

파충류의 비늘은 다 똑같나요?
뱀, 도마뱀, 도마뱀붙이 같은 파충류는 비늘이 작지만 거북처럼 ❶ **인갑**이라고 하는 큰 비늘이 있는 파충류도 있어요.

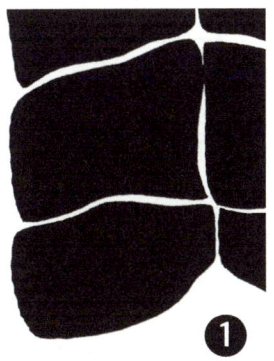

카멜레온은 작은 혹처럼 생긴 ❷ **알갱이 비늘**로 덮여 있어요.

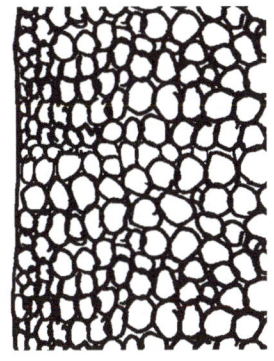

북살무사와 물뱀은 ❸ **모비늘**이라는 모가 난 돌기가 있어요. 비늘 모양 때문에 사람들은 이 둘을 헷갈려하기도 해요.

모래장지뱀 종류 중 하나인 알제리도마뱀은 지붕에 얹는 기와처럼 서로 살짝 포개지는 ❹ **겹친 비늘**이 있어요.

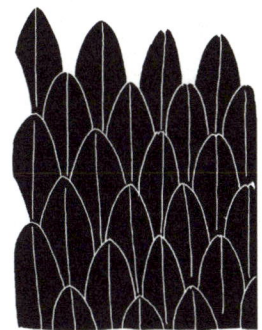

무슨 동물일까요?

전 세계에는 다양한 파충류가 많이 살아요. 공통점에 따라 종류를 나누는데 옛 도마뱀인 투아타라, 악어, 거북 등이 가장 오래되었죠. 나머지는 서로 비슷해 최근에는 뱀목으로 구분해요.

거북
전 세계에서 가장 오래 산 파충류예요. 공룡시대부터 있었답니다! 바다거북, 육지거북, 민물거북으로 구분해요.
예: 유럽늪거북, 빨간귀거북

지렁이도마뱀
큰 지렁이처럼 생겼지만 척추와 비늘이 있어요.

투아타라
이 종에는 하나의 파충류만 속해요. 바로 뉴질랜드에서만 사는 투아타라죠. 투아타라는 오래전부터 지구에 살았어요.

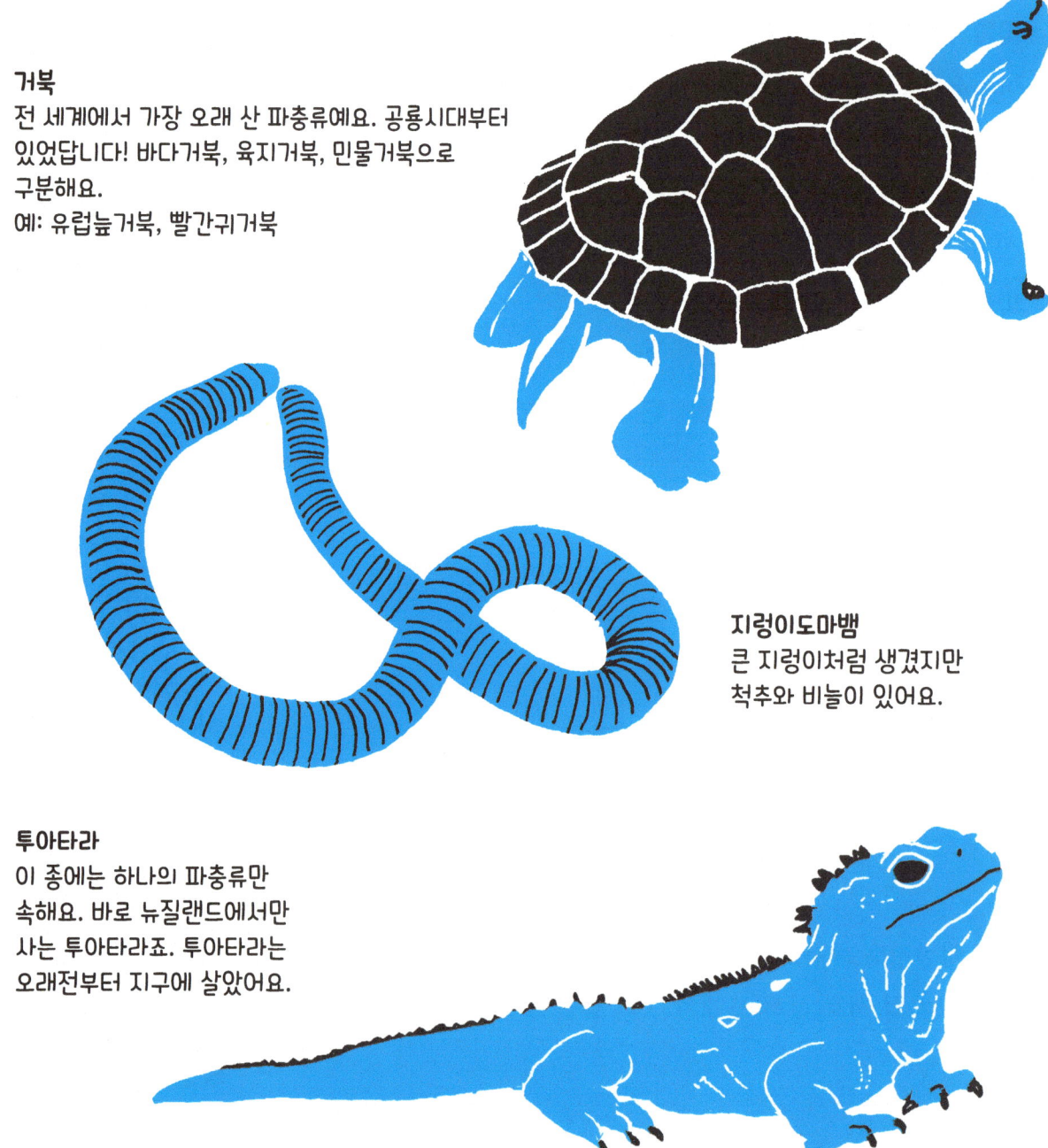

뱀과 독사
독이 있든 없든 모든 뱀이
여기에 속해요.
예: 북살무사, 왕뱀

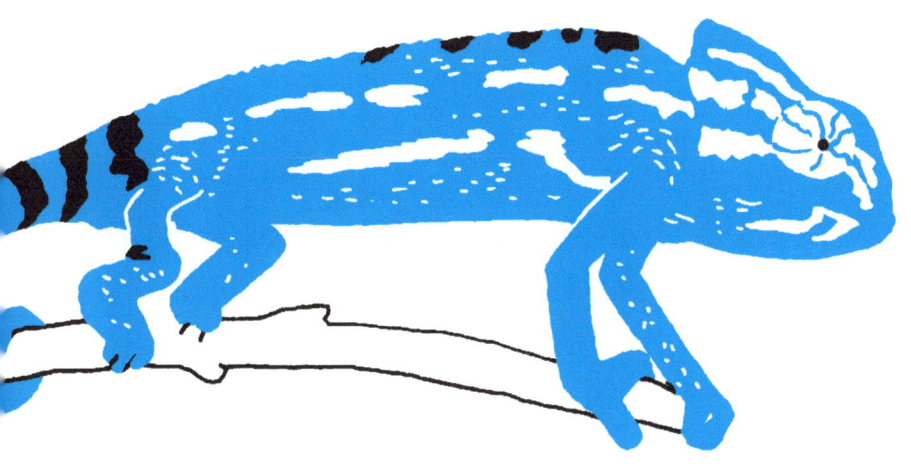

**카멜레온, 도마뱀붙이,
도마뱀, 무족도마뱀,
서부세발가락도마뱀**
파충류 중 가장 많은 종이
속해 있어요.
예: 모래장지뱀, 카멜레온

악어
악어목에는 악어만 속하며 거북과 마찬가지로
지구에서 수백만 년간 살아왔어요.

힐로노무스 라이엘리

파충류는 지구에서 얼마나 오래 살았나요?

파충류는 지구에서 3억 년 넘게 살아왔어요!

힐로노무스 라이엘리는 지금까지 발견된 파충류 중 가장 오래된 동물이에요. 생물학자들은 늘 새로운 것을 발견하니까 앞으로 더 오래된 '새로운' 종이 나올 수도 있어요.

첫 파충류에서 다른 종이 갈라져 나오기까지 수백만 년이 걸렸죠. 영국의 생물학자 찰스 다윈은 이 과정을 '진화'라고 불렀어요. 첫 파충류에서 생겨난 많은 동물은 공룡처럼 이미 멸종했지만, 거북처럼 공룡 시절부터 지금까지 살고 있는 동물도 있답니다!

● 공룡의 진짜 발자국을 봐요!

공룡의 발자국은 많은 곳에서 발견돼요! 세계에서 가장 길게 이어지는 공룡 발자국은 미국 콜로라도주 퍼가토리강을 따라 발견되었어요. 이구아노돈, 아파토사우루스, 코에누루스, 트리케라톱스를 포함한 공룡들이 쥐라기 말기에 발자국을 남겼죠.

세계에서 가장 유명한 공룡 발자국이 있는 장소는 미국 텍사스주 글렌로즈에 있는 팔럭시강의 둑이에요. 몸집이 큰 용각류, 다리가 두 개인 육식 공룡, 그리고 좀 더 작고 다리가 두 개인 초식 공룡이 이곳에 발자국을 남겼어요. 사람 발자국처럼 생긴 것도 있지만 사실은 몸집이 작은 두 발 공룡의 발자국이랍니다. 영국 와이트섬의 브룩 해변에도 발자국 화석이 있어요.

이집트몽구스

파충류는 무엇을 먹나요? 그리고 어떤 동물이 파충류를 먹나요?

파충류는 대부분 육식동물이지만 몇몇 종류의 거북과 이구아나 같은 큰 도마뱀 등은 초식동물이거나 잡식동물이에요. 알을 먹는 뱀도 있고 다른 파충류를 먹는 뱀도 있어요.

하지만 파충류는 동시에 많은 동물의 먹이가 되기도 해요. 짧은발가락뱀독수리는 파충류를 먹는 동물 중 하나예요. 몽구스도 뱀을 먹는 것을 좋아하고 카멜레온을 먹는 뱀도 있어요. 사람도 파충류를 먹어요. 어떤 나라에서는 악어 고기, 거북 수프, 뱀 요리를 즐기기도 한답니다.

방어 전략과 몇 가지 연기

파충류는 천적이 많아서 자신을 지키기 위해 연기를 해요. 생물학자들은 이 행동을 '방어 전략'이라고 부르죠. 위험 상황에 따라 파충류는 여러 가지 연기를 한답니다.

- 실제보다 크게 보이기 위해 몸을 부풀려요.
- 입을 크게 벌리고 위협적인 소리를 내요.
- 카멜레온처럼 주변에 있는 물체와 비슷하게 변장해요. 이를 '의태'라고 하죠.
- 더 위험한 종을 따라 해요. 예를 들어 독이 없는 뱀은 독이 있는 것처럼 보이기 위해 머리를 치켜들고 독사처럼 공격하기도 해요.
- 죽은 척해요. 위협을 받으면 살무사는 움직이지 않고 고약한 냄새를 내뿜어요.
- 많은 도마뱀과 도마뱀붙이는 꼬리를 잘라 내요. 잘린 꼬리는 계속 움직여서 꿈틀거리는 동물처럼 보이죠. 천적이 꼬리에 관심을 갖는 동안 도마뱀은 재빨리 도망가요.
- 위의 모든 방법이 소용없다면, 튄답니다.

파충류는 눈이 몇 개인가요?

많은 파충류는 눈이 하나가 더 있어요. 바로 '송과안'이에요. 머리 위쪽 가운데에 있는 송과안은 보는 역할을 하지 않아요. 단지 주변에 있는 빛을 감지할 뿐이에요. 매우 오래된 종인 투아타라는 송과안이 가장 발달한 파충류이고, 뉴질랜드에 살아요.

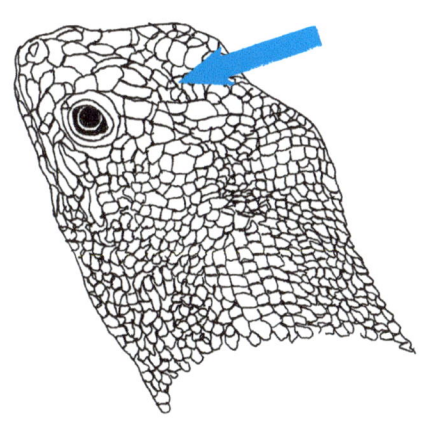

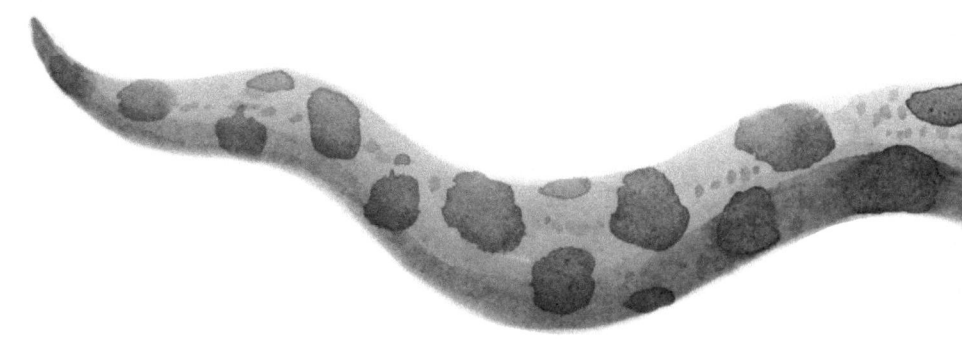

악어로 말할 것 같으면

세계에서 가장 큰 파충류는 바다악어예요. 7미터까지 자랄 수 있고 무게도 1500킬로그램에 달해요.

혼자 알을 낳는다고요?

알을 낳으려면 암컷과 수컷이 있어야 해요. 암컷의 '난자'와 수컷의 '정자'가 만나면 알이 만들어져요. 여러분은 아마 이렇게 말하겠죠?
"원래 그렇잖아!"

사실은 아니랍니다. 늘 예외는 있어요. 도마뱀이 바로 그 예외에 해당해요. 특정 지역에는 암컷 도마뱀만 사는데 난자만으로 알을 낳아요! 태어나는 모든 도마뱀은 어미처럼 전부 암컷이고 수컷은 태어나지 않아요. 이를 '단성생식'이라고 해요.

아기 파충류는 어떻게 태어날까요?

파충류는 대부분 **난생**을 해요. 알에서 태어난다는 뜻이에요. 보통 파충류는 알을 낳아 땅에 묻어요. 새끼는 태어나자마자 스스로 삶을 시작할 준비가 되어 있어요.

매우 드물지만 어떤 악어는 암컷이 둥지를 짓고, 알을 낳고, 새끼가 태어날 때까지 돌봐요. 새끼가 태어난 후에도 어느 정도 자랄 때까지는 계속 돌봐 주죠.

북살무사처럼 알을 낳지 않는 파충류도 있어요. 북살무사는 어미 배 속에 수정된 알이 생겨요. 그리고 그 안에서 자라다가 부화해 어미 몸 밖으로 나오죠. 이를 **난태생**이라고 해요.

스킨크도마뱀처럼 알을 낳지 않고 바로 새끼를 낳는 파충류도 있어요. 이를 **태생**이라고 해요.

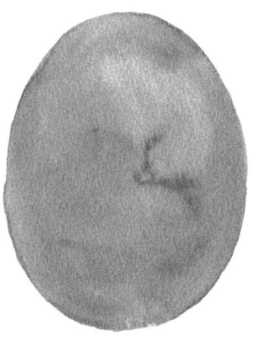

뱀처럼 비열해!

사람들은 종종 파충류를 불쾌한 동물로 묘사해요. 뱀은 독이 있어 해롭다고 말하고, 도마뱀붙이는 독이 있는 데다 피부도 끈적거린다고 말하죠. 이 모든 게 사실인 것처럼, 경험한 일처럼 이야기하지만 그냥 입에서 입으로 전해진 소문일 뿐인 이야기도 있어요.

파충류는 과연 이런 이야기를 들어야 마땅할까요?

물론 아니죠! 몇몇을 제외한 파충류 대부분은 독이 없어요. 비늘로 덮인 파충류의 피부는 물기가 없어서 끈적거리지 않고요. 뱀 가죽은 매우 부드러워서 만지면 기분이 좋아요. 하지만 야생에서 만난 뱀은 절대로 만지면 안 돼요!

모든 생물체는 환경 안에서 맡은 역할이 있어요. 파충류도 마찬가지예요. 파충류가 사라지면 어떤 일이 생길지 생각해본 적이 있나요? 다른 종들이 크게 늘어나서 자연 상태가 불균형해질 거예요. 예를 들어, 도마뱀붙이는 모기를 잡아먹고 뱀은 쥐를 많이 잡아먹는데 도마뱀붙이나 뱀이 없다면 모기와 쥐의 수가 엄청나게 늘어날 거예요.

도마뱀붙이는 억울해요

유럽에서는 도마뱀붙이가 빠진 컵을 사용한 사람이 죽었다는 괴담이 떠돌았어요. 하지만 말도 안 되는 소리예요! 도마뱀붙이는 독이 없어요. 위에서 떨어져서 컵 안으로 들어갔다면 곤충을 잡으러 올라갔다가 그랬을 거예요.

파충류학자라는 말을 들어 봤나요?

파충류와 양서류를 연구하는 사람을 파충류학자라고 해요. 영어로는 '헤페톨로지스트(herpetologist)'라고 하는데, '파충류'라는 뜻의 그리스어에서 생겼어요. 파충류학은 본래 파충류만 연구하는 학문이었는데 양서류까지 포함하게 되면서 '양서파충류학'이 되었어요. 양서류는 물 밖으로 나와 살기 시작한 첫 척추동물이랍니다.

파충류학자처럼 활동해 볼까요?

밖으로 나가 파충류를 찾아봐요. 그리고 카메라로 사진을 찍어요. 사진은 나중에도 볼 수 있으니까 발견한 동물을 찬찬히 확인할 수 있어요. 찾아낸 파충류 이름을 적어 봐요.

관찰 팁
언제 볼 수 있나요?
가장 좋은 시기는 봄이에요. 파충류는 겨울에는 추워서 겨울잠을 자요. 여름에 기온이 높아지면 더위를 피해 숨어서 찾기가 힘들고요.

어디서 볼 수 있나요?
파충류가 일광욕하러 나올 때를 이용하면 관찰하기 좋아요. 벽이나 돌, 나무줄기나 햇볕을 받는 곳을 살펴봐요.

가장 쉽게 볼 수 있는 파충류는 무엇일까요?
도마뱀이 가장 흔하고 찾기 쉬워요.

관찰 요령
- 작은 막대기에 꿀을 묻히거나 과일을 끼워 유인해 봐요. 가만히 기다리면 도마뱀이 다가올 거예요.

- 도마뱀붙이 같은 일부 파충류는 밤에 활동하고 낮에 잠을 자요. 따라서 관찰하려면 밤에 나가야 하죠. 여름에는 가로등 아래에서 곤충을 기다리는 도마뱀붙이와 만날 수도 있답니다.

섬으로 훌쩍 떠나 볼까요?

어떤 동물이 처음 섬에 도착하면 모든 것이 달라져요. 본래 살던 곳에서 함께하던 동물은 없고 이 동물을 잡아먹으려는 천적도 없을지 몰라요. 물론 이 점은 유리하죠. 잡아먹으려는 천적이 없다면 이 동물은 더 느긋하고 긴 삶을 살 수 있고 따라서 습성도 바뀔 수 있거든요.

같은 종이지만 육지에 사는 동물과 섬으로 이주한 동물이 긴 세월 따로 살게 되면 각자 다른 종으로 바뀔 수 있어요. 다시 진화가 이루어지는 거죠!

예를 들어 아프리카 동쪽에 있는 섬인 마다가스카르에는 파충류가 300종이 넘게 있는데 그중 90퍼센트가 고유종이에요. 마다가스카르는 수백만 년간 고립되었기 때문에 그곳에 사는 파충류는 대륙에 있는 같은 종과 그동안 떨어져 있었고 따라서 다른 종이 생겼어요.

토착종과 고유종의 차이

토착종은 어떤 지역이나 생태계에 자연적으로 존재하는 종이에요. 다시 말해, 누군가 옮기지 않았는데도 그곳에 살지만 특정한 지역에서만 사는 종은 아니라는 뜻이에요. 즉, 다른 지역의 토착종일 수도 있어요.

고유종은 특정한 지역에서만 존재하는 토착종으로, 다른 지역에는 없어요.

물로 둘러싸인 섬에 어떻게 동물이 살게 되었나요?

어떤 동물은 빙하시대에 섬으로 이동했어요. 오늘날 섬인 곳 중 일부는 본래 대륙과 연결돼 있어서 쉽게 이동할 수 있었죠!

바닷가에서 멀리 떨어진 섬에 사는 동물들은 사람들이 타고 다니는 배로 이동했어요. 특히 쥐가 배를 이용해 옮겨 다녔죠. 또 사람들이 일부러 옮기기도 해요. 사람들이 토끼를 섬으로 데려가자 토끼가 빠르게 번식해 외래종이 되었고, 생태계에 큰 영향을 끼친 경우도 있어요.

사람과는 관계 없이 스스로 날아서, 헤엄쳐서, 또는 떠다니는 식물을 뗏목 삼아 섬에 도착한 경우도 있어요.

특별한 도마뱀과 도마뱀붙이를 보러 섬으로 가 볼까요?

지구처럼 물이 많은 행성에는 섬이 많아요. 방학이나 주말을 이용해 섬에 가 보는 건 어떨까요? 물론 어른들과 함께요. 야생 동식물이 많아 다양한 종을 볼 수 있는 곳을 고르는 게 좋아요. 많은 섬이 자연보호 구역으로 지정되어 있어요.
편한 신발, 모자, 카메라, 새 관찰을 위한 쌍안경을 챙겨요.

바위장지뱀

용감하게 바닷속 깊이 들어가는 파충류도 있어요

바다이구아나는 갈라파고스제도의 모든 섬에 살아요. 찰스 다윈이 이 제도에 도착해 처음으로 바다이구아나를 보았을 때 너무 못생겼다고 생각한 나머지 '역겹고 흉한 도마뱀'이라고 불렀다고 해요! 사실 바다이구아나가 좀 이상하게 생긴 데다 도마뱀치고 특이하게 행동하는 것도 사실이에요. 도마뱀 중에서는 유일하게 바다에서 해초를 먹으니까요.

바다이구아나는 외부에서 열을 얻는 외온성이라 바닷물 속에 들어가면 체온이 내려가요. 그래서 땅 위로 올라가 햇볕을 쬐어야 하죠. 보통 몸이 어두운색이어서 열을 잘 흡수하는 편이에요. 우리도 햇볕이 내리쬐는 날 검은색 티셔츠를 입고 밖에 나가면 더 덥다는 느낌이 들잖아요.

바닷물을 좋아하는 또 다른 파충류들

노란배바다뱀처럼 한 번도 물 밖으로 나가지 않고 바다에 사는 파충류도 있어요. 바다거북은 바다에 살며 알을 낳을 때만 땅 위로 올라가요.

장수거북도 마찬가지예요. 암컷 장수거북은 자기가 태어난 바닷가로 돌아가서 알을 낳아요. 보통 알을 100개 넘게 낳는답니다! 수컷 장수거북은 알에서 태어나 물속으로 들어가면 다시는 땅 위로 올라가지 않아요.

장수거북은 지구상에 존재하는 가장 큰 거북이에요. 길이는 2미터까지 자라고 무게는 700킬로그램 이상 나가기도 해요! 해파리를 주로 먹고 숨을 쉬러 물 위로 올라와요. 한 번 숨을 쉬면 물속에서 85분까지 견딜 수 있답니다.

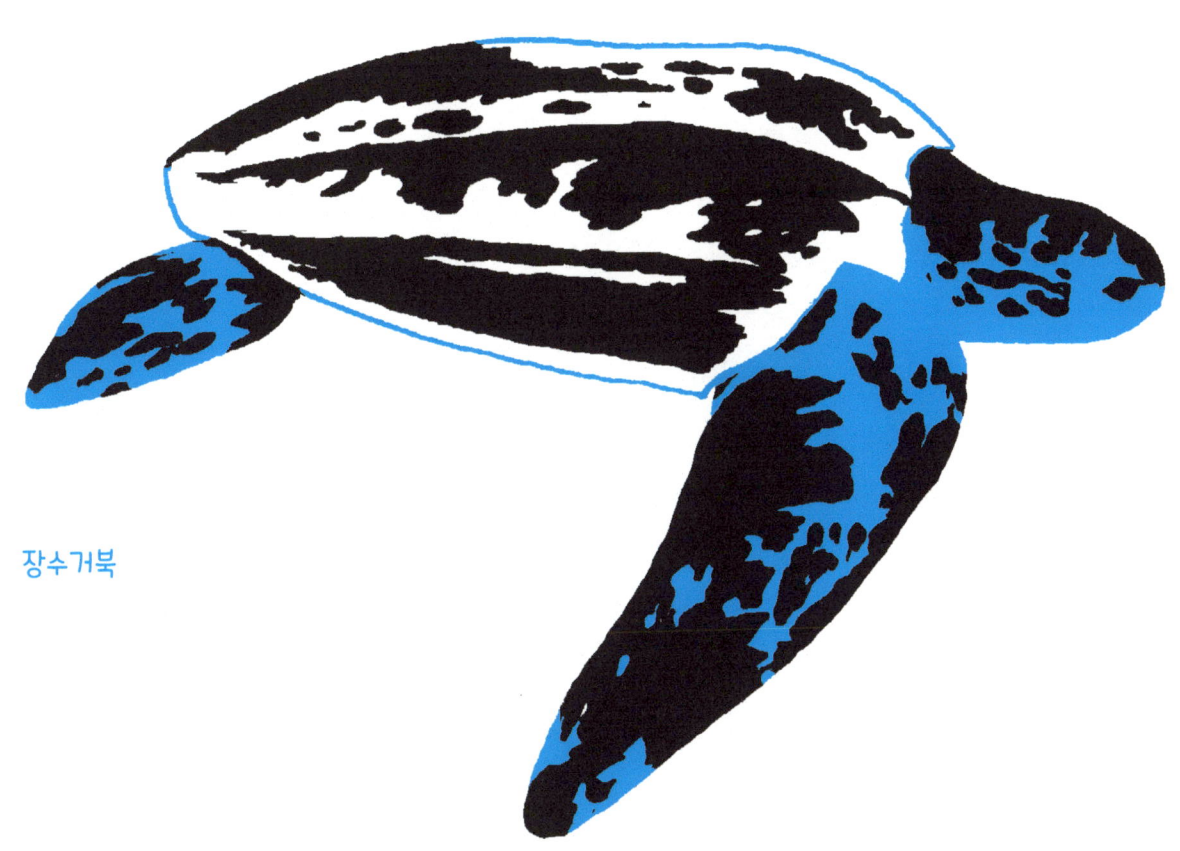

장수거북

카멜레온

카멜레온은 매우 특이하고 이상하면서도 재미있게 생겼어요. 크기는 3센티미터부터 63센티미터까지 다양하지만 카멜레온 사이에는 공통점이 많아요.

카멜레온 중 특히 크기가 큰 종들은 긴 꼬리가 있어요. 마치 손을 사용하듯 꼬리로 물건을 잡을 수 있죠. 튀어나온 양쪽 눈을 동시에 여러 방향으로 움직일 수 있고요. 끝이 끈적끈적한 긴 혀도 있어서 곤충을 발견하면 천천히 지켜보다가 재빨리 혀를 내밀어요. 곤충은 혀에 닿자마자 꼼짝없이 입 안으로 들어가죠. 하지만 이 모든 것은 너무나도 빠르게 일어나는 일이라 맨눈으로는 관찰할 수 없어요.

카멜레온에 관해 모두가 아는 사실은 뭘까요?
바로 카멜레온이 피부색을 바꾼다는 사실이죠. 그런데 왜 색을 바꿀까요? 카멜레온이 색을 바꾸는 이유는 여러 가지예요.

- 천적의 공격으로부터 몸을 숨기려고 색을 바꿔요. 카멜레온의 무늬는 식물 사이에 있을 때 눈에 띄지 않아요.
- 체온 조절을 위해서 색을 바꿔요. 체온이 낮아지면 카멜레온은 색을 어둡게 바꿔요. 어두운색은 열을 더 잘 흡수하기 때문에 햇볕에 나가면 체온을 더 빠르게 올릴 수 있어요. 몸 한쪽은 어둡게, 다른 쪽은 밝게 조절하는 놀라운 능력도 있답니다!
- 기분에 따라 옷을 바꿔 입기도 해요. 카멜레온은 색과 무늬를 바꿔 다른 카멜레온에게 자기 생각을 전달해요. 예를 들어, 암컷이 새끼를 가지면 무늬를 바꿔 수컷에게 더는 함께하고 싶지 않다고 표현하죠.

구애하는 카멜레온

카멜레온은 연애도 좋아하지만 짝을 바꾸는 것도 좋아해요. 즉 암컷과 수컷 모두 한 마리 이상의 짝과 짝짓기를 할 수 있어요. 새로운 암컷을 찾으려고 수 킬로미터를 걷는 수컷도 있죠. 암컷은 새로 나타난 수컷이 자기 짝보다 더 화려한지, 더 멋진 뿔이 있는지 비교한 다음 짝을 바꿀지를 결정해요.

알은 암컷 몸속에서 3~6주간 자라요. 임신 기간이 끝나면 태어날 준비가 시작돼요. 어미 배 속에서 바로 태어나는 태생인 카멜레온도 있지만, 대부분은 난생이에요. 암컷은 땅에 구멍을 파고 그 속에 알을 낳은 뒤 묻어요. 발이 작아서 하루가 넘게 걸려요. 큰 노력이 들기 때문에 이 일이 끝나고 죽는 카멜레온도 많아요. 그리고 몇 개월이 지나면 새끼 카멜레온이 알을 깨고 나오기 시작해요. 한꺼번에 태어난 새끼들은 구멍 밖으로 나와 재빨리 나무를 찾아 올라가요. 그렇게 신나는 모험이 시작되죠!

우리는 어떤 점이

포유류 하면 가장 먼저 커다란 사자나 호랑이가 떠오르죠? 하지만 모든 포유류가 몸집이 크고 털이 많은 건 아니에요. 아주 작거나 털이 거의 없는 포유류도 있죠. 다리, 지느러미, 또는 날개가 있기도 해요. 물속에서 헤엄치거나 땅 위를 걷거나 하늘을 날 수도 있고요. 그리고 잊지 말아야 할 점, 사람도 포유류랍니다!

그렇다면 우리는 어떤 점이 서로 비슷할까요?

우리는 어디에서 왔을까요?

포유류는 서로 매우 달라서 같은 군에 속한다는 게 믿기 어려울 정도예요. 하지만 수백 년 전 우리에게는 공통된 조상이 있었어요.

포유류의 조상은 무엇이었나요?

포유류의 공통된 조상은 파충류와 비슷한 동물도 포함하고 있으며, 다양한 종이 갈라져 나온 무리인 견치류에 속했어요. 그중 일부는 이미 멸종했지만 나머지는 오늘날 우리가 볼 수 있는 포유류로 진화했어요. 2013년에 생물학자들은 모든 태반 포유류에 해당하는 이 동물의 모형을 만들었어요. 뒤쥐와 닮은 모습에 곤충을 먹을 거라고 생각했죠. 지금까지 발견된 포유류 화석 중 가장 오래된 것은 견치류에 해당하지만 더 오래된 화석이 있을지도 몰라요.

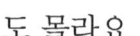

이후 어떤 일이 있었나요?

포유류는 바다, 열대우림, 사막, 툰드라 등 매우 다양한 환경에 적응했어요. 그래서 거의 모든 곳에서 살 수 있게 되었죠. 수백만 년간 포유류는 날기 위해 날개를 만들었고, 헤엄치기 위해 팔을 지느러미로 바꾸었고, 추운 날씨에 자신을 보호하기 위해 몸에 많은 털을 길렀어요. 이는 몇 가지 예일 뿐이죠. 포유류 동물이 서로 얼마나 다른지 생각해 봐요!

어떤 포유류는 물속으로 풍덩!

땅에 이미 다른 동물이 많아 먹이가 부족했기 때문인지, 어떤 동물은 먹이를 찾아 바다로 향했어요. 이들이 바다에서 보내는 시간은 점점 늘어났고, 계속해서 수중 생활에 적응했어요. 수백만 년에 걸쳐 팔은 지느러미로, 다리는 물고기 꼬리와 비슷하게 변화했어요. 몸의 형태가 물속에서 움직이기 쉽게 바뀐 거죠. 이렇게 수중 생활에 매우 잘 적응해서 생겨난 해양 포유류는 고래, 돌고래, 바다표범 등이에요.

고래도 코가 있나요?

모든 포유류가 그렇듯 해양 포유류도 허파를 이용해 숨을 쉬어요. 그래서 수면 밖으로 나와야 해요. 고래는 코로 숨 쉬지는 않지만, 콧구멍과 비슷한 부분이 있어요. 머리 꼭대기에 있는 분수공이죠. 고래는 이 구멍으로 숨을 쉬는데 마치 물을 내뿜는 분수처럼 보인답니다.

어떤 동물이 가장 뇌가 클까요?

바로 향유고래예요! 향유고래의 뇌 무게는 9킬로그램이나 돼요. 또 향유고래는 이빨이 있는 가장 큰 포유류이며, 가장 큰 육식동물인 데다 가장 시끄러운 동물이고(분수공으로 내뿜는 물은 10미터까지 치솟아요.), 가장 잠수를 잘하는 동물이에요! 수심 2000미터 넘게 잠수할 수 있죠. 향유고래는 기록의 왕이에요!

어떤 포유류는 여전히 땅을 더 좋아해서 땅속으로 들어가요

많은 포유류가 땅 위에 살지만 땅속에 사는 동물도 있어요! 두더지는 땅속에 굴을 만들어요. 흙을 밖으로 밀어 내어 땅 위에 쌓는 방법으로 기다란 구멍을 파죠. 굴 속에서 잠을 자고 새끼를 키워요. 마당이나 텃밭에서 두더지가 쌓아 놓은 작은 흙더미를 볼 수 있답니다.

두더지는 어떻게 먹이를 신선하게 보관할까요?

두더지는 지렁이를 좋아해요. 그래서 지렁이를 발견하면 깨물어 기절시킨 다음 굴로 가져와요. 그러면 지렁이는 계속 살아 있지만 도망가지는 못하죠. 그리고 두더지는 언제든 신선한 지렁이를 먹을 수 있어요!

멸종 위기에 처한 피레네데스만

땅속이 아닌 물에 사는 두더지가 있어요. 피레네데스만은 포르투갈과 스페인 일부 지역에서만 사는, 멸종 위기에 처한 두더지예요. 깨끗하고 물결이 잔잔한 강에 사는 피레네데스만은 매우 예민해서 물이 오염되거나 댐 때문에 환경이 바뀌면 새로운 서식지를 찾아 살던 곳을 떠나요.

털 뭉치일까, 두더지일까?

피레네데스만을 발견하기는 쉽지 않아요. 물에서 사냥하기 가장 좋은 때인 밤에만 굴에서 나오기 때문이죠. 낮에는 자기 몸무게의 절반에 해당하는 양의 곤충과 벌레를 먹어요. 꽤 많은 양이죠!

크기는 약 20센티미터이고, 털 뭉치처럼 생겼어요.

털은 방수 기능이 있어서 몸을 따뜻하게 해 줘요. 물속에서 헤엄칠 때면 털이 금속처럼 빛나요.

나팔처럼 생긴 주둥이를 쉬지 않고 움직여요.

눈은 매우 작아요.

다리는 길어서 헤엄치기 좋아요. 발톱은 날카로워서 돌멩이에 올라가도 미끄러지지 않죠.

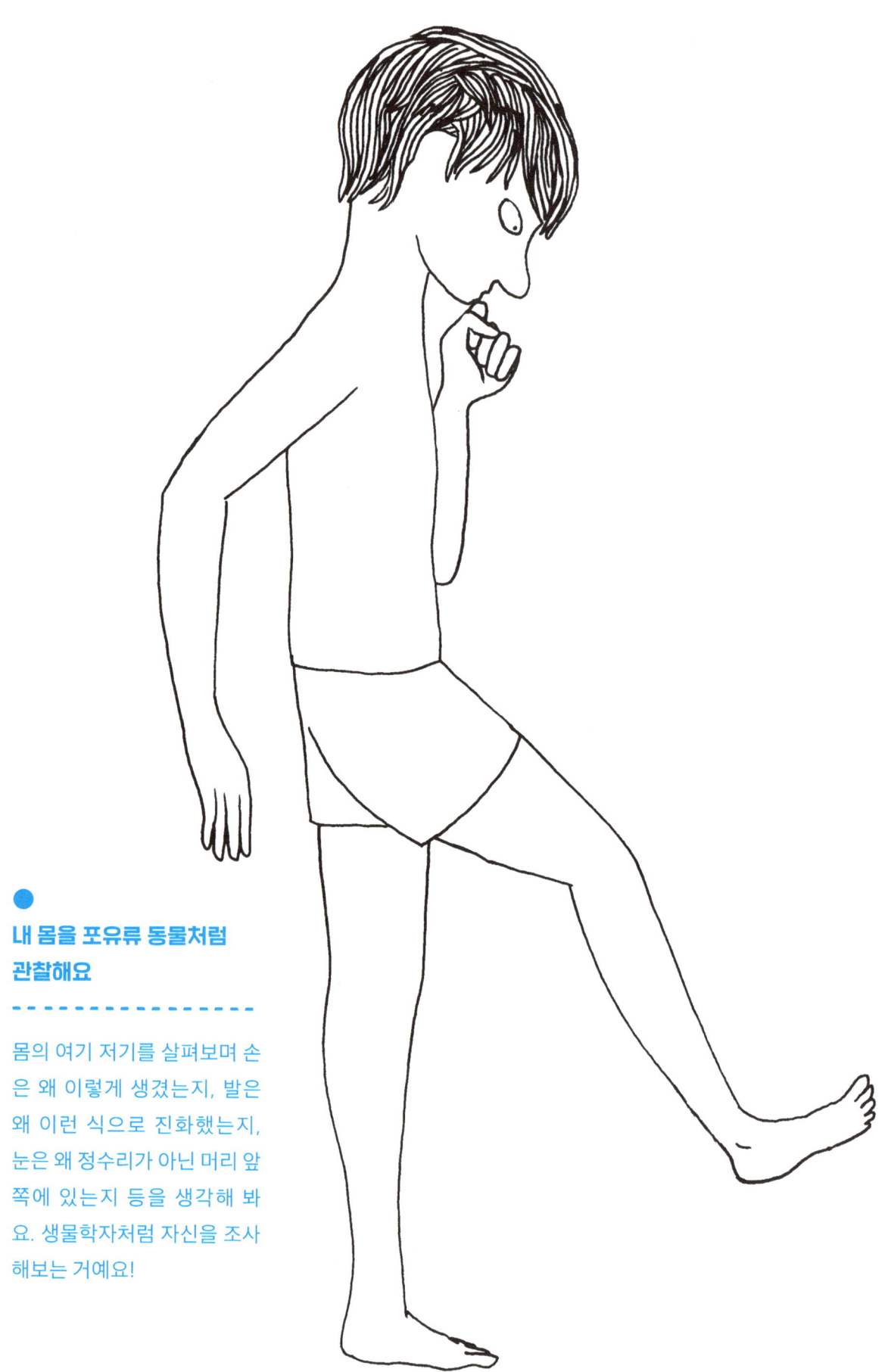

● **내 몸을 포유류 동물처럼 관찰해요**

몸의 여기 저기를 살펴보며 손은 왜 이렇게 생겼는지, 발은 왜 이런 식으로 진화했는지, 눈은 왜 정수리가 아닌 머리 앞쪽에 있는지 등을 생각해 봐요. 생물학자처럼 자신을 조사해보는 거예요!

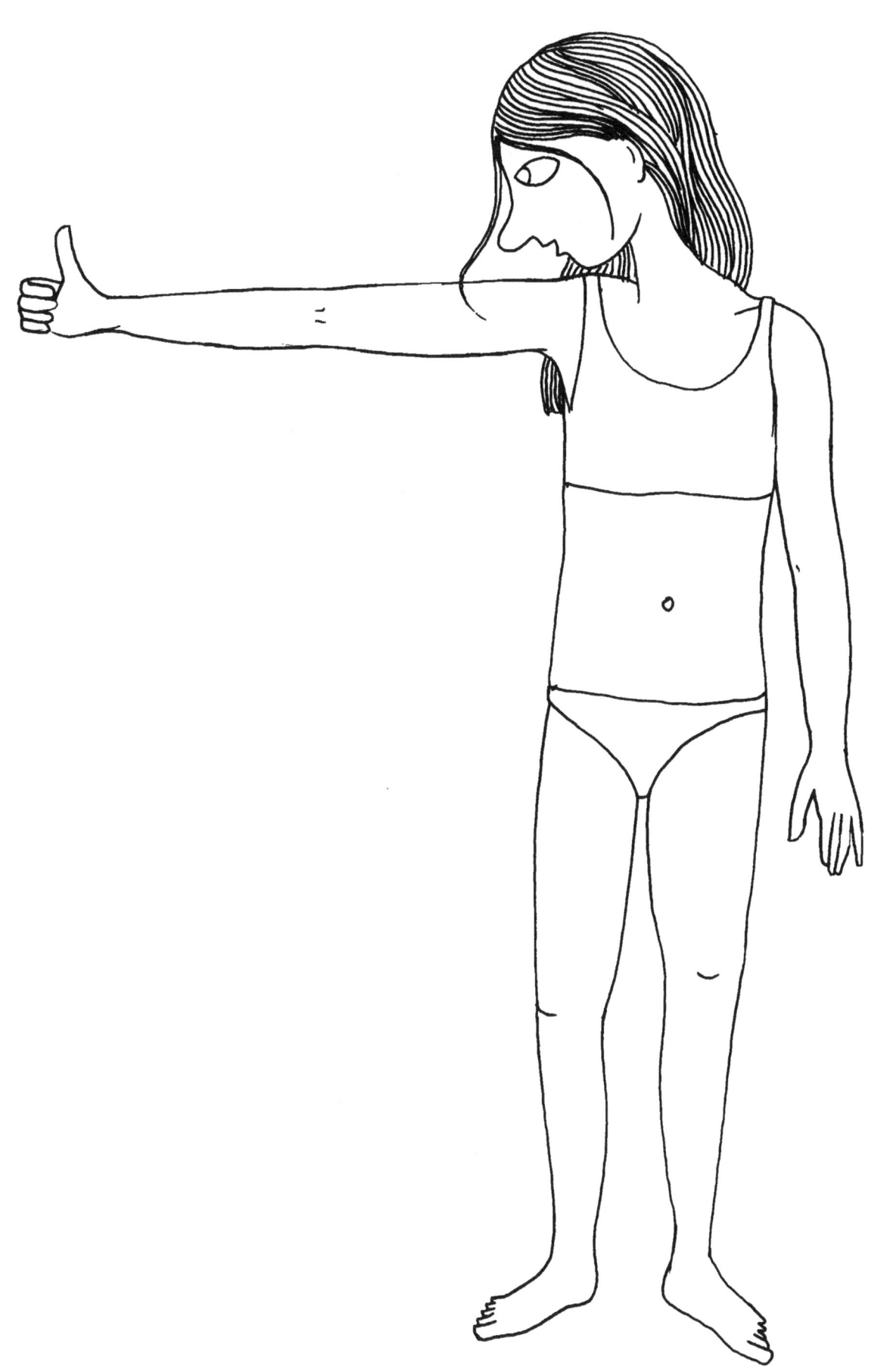

우리 머리 위를 나는 포유류

땅 위에서는 거의 걷지 않고 많은 시간을 날아다니는 육생 포유류가 있어요. 바로 박쥐예요!

우리가 사는 곳에도 박쥐가 있나요?

아마도요. 밤이 되면 가로등 주변을 나는 박쥐를 볼 수 있어요. 어쩌면 이미 봤지만 아주 작고 빨라서 박쥐인지 몰랐을 수도 있어요.

박쥐 날개가 사람 팔과 비슷하다는 점을 알아차렸나요? 우리처럼 팔죽지, 팔뚝, 손이 있어요.

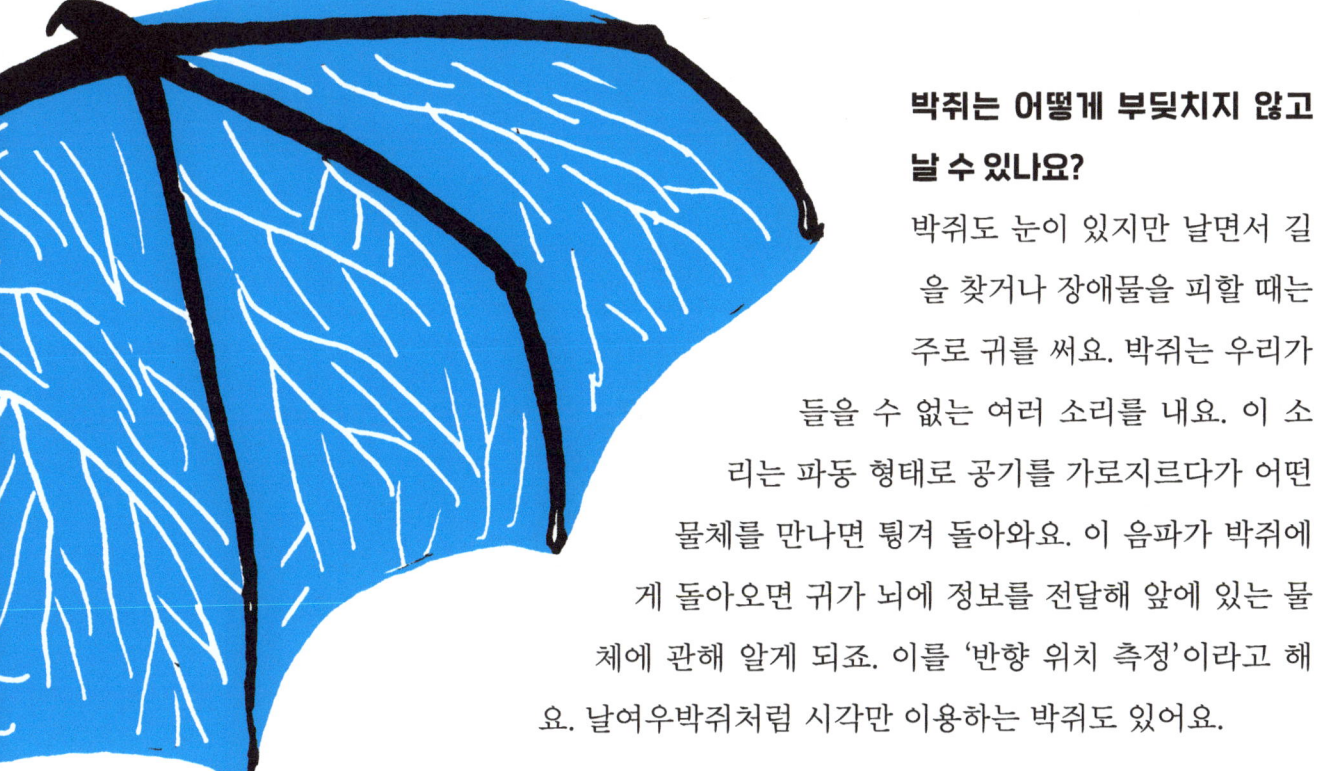

박쥐는 어떻게 부딪치지 않고 날 수 있나요?

박쥐도 눈이 있지만 날면서 길을 찾거나 장애물을 피할 때는 주로 귀를 써요. 박쥐는 우리가 들을 수 없는 여러 소리를 내요. 이 소리는 파동 형태로 공기를 가로지르다가 어떤 물체를 만나면 튕겨 돌아와요. 이 음파가 박쥐에게 돌아오면 귀가 뇌에 정보를 전달해 앞에 있는 물체에 관해 알게 되죠. 이를 '반향 위치 측정'이라고 해요. 날여우박쥐처럼 시각만 이용하는 박쥐도 있어요.

왜 박쥐는 거꾸로 매달린 채 잠을 자나요?

박쥐의 조상은 뒤쥐와 비슷하게 생긴 네발 동물이었어요. 이 동물이 진화하면서 앞다리는 날개로, 뒷다리 무릎은 다리를 뒤로 접을 수 있도록 변했죠. 다리가 튼튼한 새와 달리 박쥐는 뒷다리가 약한 편이라서 바닥에 서 있을 수 없어요. 오히려 매달려 있어야 더 빨리 날아갈 수 있답니다.

박쥐는 잘 때 왜 떨어지지 않나요?

사람이 나뭇가지에 매달리려면 손으로 가지를 꽉 잡아야 하죠. 근육을 풀면 손이 펴지고 우리는 아래로 떨어질 테니까요. 박쥐는 반대로 근육을 풀면 발은 움켜쥐게 돼요. 발을 펴고 싶으면 힘을 줘야 하죠. 따라서 박쥐는 쉬거나 잘 때 절대로 떨어지지 않는답니다!

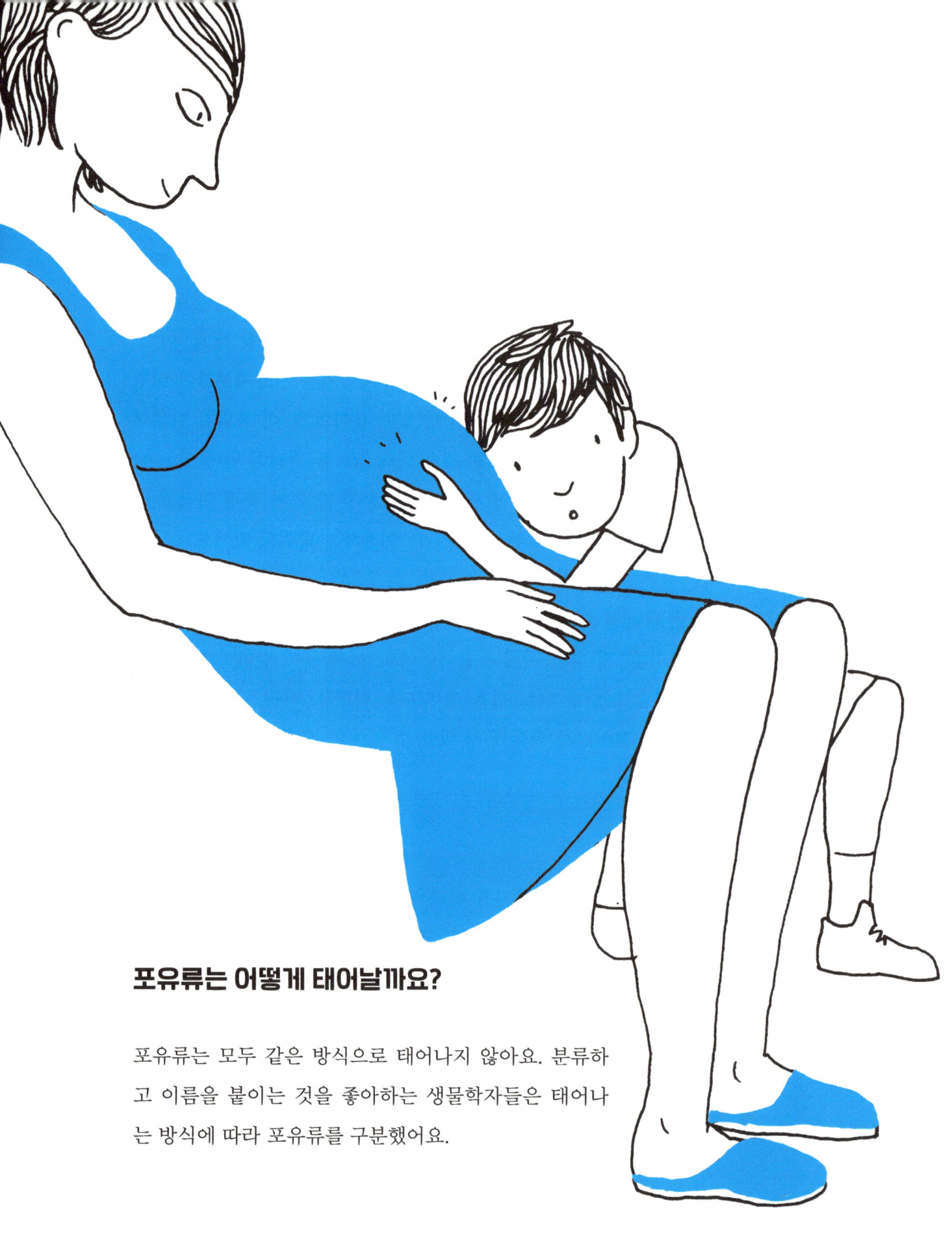

포유류는 어떻게 태어날까요?

포유류는 모두 같은 방식으로 태어나지 않아요. 분류하고 이름을 붙이는 것을 좋아하는 생물학자들은 태어나는 방식에 따라 포유류를 구분했어요.

태반 포유류

어미 몸 밖으로 나갈 수 있을 때까지 배 속에서 탯줄을 통해 영양분을 섭취해요. 우리가 아는 포유류 대부분이 태반 포유류예요. 개, 쥐, 박쥐, 돌고래, 호랑이, 하마, 늑대, 그리고 사람이 있죠!

단공 포유류

알을 낳는 포유류예요. 알에서 나온 새끼는 다른 포유류처럼 어미의 젖을 먹고 자라요! 가장 종류가 적은 포유류이며, 오스트랄라시아 지역에만 살아요. 가시두더지와 오리너구리 등이 단공 포유류예요.

유대 포유류

암컷의 아랫배 표면에 '육아낭'이라는 주머니가 있어요. 아주 작게 태어난 새끼는 눈도 뜨지 못한 채 육아낭으로 들어가죠. 육아낭에는 젖이 나오는 젖꼭지가 있어 새끼는 그 안에서 먹고 자라요. 유대 포유류는 주로 오스트랄라시아와 남아메리카에 살아요. 코알라와 캥거루가 있어요.

나는 누굴까요?

나는 부리와 물갈퀴가 있지만 오리는 아니에요. 내 몸은 수달처럼 생겼지만 수달은 아니에요. 난 독이 있지만 뱀은 아니에요.
답을 알고 싶다면 책장을 넘겨 봐요.

바로 **오리너구리**예요! 오리너구리는 매우 특이하게 생겼어요. 그래서 박제된 오리너구리가 호주에서 유럽으로 처음 전해졌을 때, 생물학자들은 누군가 장난으로 서로 다른 동물의 여러 부분을 붙여 박제를 만들었다고 생각했답니다. 발과 부리는 오리처럼, 몸은 수달처럼 생긴 오리너구리는 단공 포유류예요. 그리고 수컷은 뒷다리 발톱에 독이 있답니다.

● **새로운 동물을 상상해 봐요**

오리너구리에서 아이디어를 얻어 다양한 동물의 여러 부분을 섞은 새로운 동물을 상상해 봐요. 그 동물에게 이름도 붙여 보고요.

포유류는 털이 있나요?

네, 털이 있어요. 하지만 모든 포유류가 털이 있지는 않아요. 돌고래처럼 어미 배 속에 있을 때는 털이 있다가 태어난 다음에는 털이 빠지는 동물도 있어요. 고래처럼 머리에 난 몇 가닥을 빼고는 털이 전혀 없는 동물도 있죠. 고슴도치, 호저, ❶ **가시두더지**처럼 털이 천적으로부터 보호해 주는 가시로 변하거나 ❷ **천산갑**처럼 단단한 판으로 변한 동물도 있어요.

털이 너무나도 많아 손바닥과 발바닥에도 털이 있는 포유류도 있어요. 매우 추운 날씨에서 따뜻하게 지내야 하는 ❸ **북극곰**이 그래요.

늘 같은 '옷'을 입는 것을 싫어하는 포유류도 있어요. ❹ **북극토끼**는 여름에는 갈색 외투를 입다가 겨울에는 눈처럼 흰 외투를 입는답니다! 이렇게 하면 계절 변화에 따라 언제나 천적으로부터 스스로를 보호할 수 있죠.

육식하는 포유류도 있고 채식하는 포유류도 있나요?

물론이에요. 포유류는 새끼일 때는 젖을 먹어요. 하지만 자라면서 종에 따라 매우 다른 먹이를 섭취하게 되죠. 곤충을 먹는 동물은 '식충동물'이라고 하고, 식물을 먹는 동물은 '초식동물'이라고 해요. 가리지 않고 다 먹는 동물도 있어요. 사람과 같은 '잡식동물'이에요.

"한 입 먹을래?" 육식동물에게 물어봐요

'육식동물' 하면 우리는 사자, 호랑이, 범고래 같은 큰 동물을 떠올려요. 하지만 크기는 작지만 용감한 육식동물도 있어요. 족제비는 자기보다 훨씬 큰 토끼를 잡아 먹는답니다.

솜씨 좋은 잡식동물

동물과 식물을 먹는 침팬지 같은 영장류는 아주 똑똑해서 먹을 때 간단한 도구를 활용해요. 예를 들어 껍데기가 딱딱한 열매를 먹을 때는 돌멩이로 껍데기를 깨고 먹어요. 개미를 먹을 때는 나뭇가지로 개미집을 쑤셔서 개미가 허둥지둥 밖으로 나오게 해요. 그런 뒤 개미를 맛있게 먹는답니다!

크기가 작은 포유류 중 하나인 사비피그미땃쥐를 아나요? 크기는 5센티미터밖에 되지 않지만 탐욕스러운 포식 동물이랍니다!

우리 동네에 늑대가 있을까요?

여러분이 어디에 사느냐에 따라 다르죠. 하지만 걱정하지 마요. 우리 동네에 늑대가 있어도 여러분 앞에 나타나지는 않을 테니까요! 늑대는 늘 외딴곳에 숨어 있고 사람과 가까이 있는 것을 좋아하지 않아요.

늑대는 회색늑대와 붉은늑대, 두 종류예요. 회색늑대는 전 세계 거의 모든 곳에 사는, 가장 널리 퍼진 포유류였어요. 물론 사람을 제외하고요! 하지만 사람이 사냥한 탓에 지금은 유럽에 있는 많은 나라와 멕시코, 미국 대부분 지역에서 멸종되었죠. 붉은늑대의 사정은 더 안 좋아서 야생에 사는 붉은늑대는 1980년에 멸종되었어요. 다행히 사람이 키우던 붉은늑대가 있어서 본래 서식지 중 한 곳인 미국 노스캐롤라이나주로 돌아갈 수 있었답니다.

늑대도 말을 하나요?

『빨간 모자』 이야기에 등장하는 나쁜 늑대라면 모를까 다른 늑대는 말을 할 수 없어요. 하지만 서로 의사소통을 아주 잘한답니다. 소리 내어 울어서 멀리 떨어진 다른 늑대가 들을 수 있게 하죠. 후각과 시각을 이용하기도 해요. 다른 늑대가 발견해 냄새를 맡게 하려고 배설물이나 발톱 자국을 남겨요.

늑대 무리에 관해 들어 본 적 있나요?

- - - - - - - - - - - - - - - - -

보통 늑대 가족은 엄마, 아빠, 어린 새끼로 이뤄져요. 때로는 어느 정도 자란 새끼가 속해 있기도 해요. 암늑대는 새끼를 일 년에 한 번, 4~5월에 다섯 마리 정도 낳아요. 새끼는 한두 살이 되면 부모를 떠나 새로운 무리를 만든답니다.

회색늑대는 무슨 색인가요?

- - - - - - - - - - - - - - - - -

수수께끼는 아니에요! 회색늑대의 색은 회색이 섞인 흰색, 갈색, 검은색, 크림색 또는 황갈색 등 다양해요. 거의 몸 전체가 흰색이나 검은색인 회색늑대도 있어요. 하지만 이름에서도 알 수 있듯이 가장 흔한 색은 회색이에요.

동물학자도 늑대처럼 짖나요?

늑대를 연구하는 동물학자들은 늑대의 반응을 보려고 울음소리를 흉내 내요. 낯선 늑대가 자기 구역에 들어오는 것을 싫어하는 늑대는 아마도 이렇게 답을 할 거예요.
"여긴 내 구역이야. 그러니 다른 데로 가!"
동물학자들은 이런 식으로 어느 지역에 늑대가 사는지 확인한답니다. 아주 좋은 방법이죠?

곰에 관한 이야기를 들려줄게요

곰이 꿀을 좋아한다는 사실은 다들 알죠? 사람들은 꿀을 얻기 위해 벌을 길렀어요. 꿀 냄새를 맡은 곰은 벌집을 '공격할' 궁리만 했고요! 유럽에 곰이 많이 살던 시절에는 벌집 주변에 3미터가 넘는 큰 벽을 세웠어요. 그래야 욕심 많은 곰이 벌집을 훔치지 못할 테니까요.

곰이 살던 나라 중 많은 곳에서 이제 곰을 볼 수 없어요. 하지만 지역 이름에 곰의 흔적이 남아 있어요. 베어홀, 베어크리크, 베어우드, 베어밸리 등 이름에 '곰'이라는 뜻인 '베어'가 들어간 곳이 많죠. 유럽, 북아프리카, 아시아의 많은 나라에서는 멸종되었지만 유라시아와 북아메리카의 여러 나라에서는 불곰이라고 불리는 큰곰을 여전히 볼 수 있어요. 곰은 모두 일곱 종이 있는데 그중 대왕판다가 가장 심각한 멸종 위기에 처했답니다.

동물 이야기책을 만들어요

이 책을 읽으면 동물의 삶에서 자극을 받아 아이디어가 많이 떠오를 거예요. 그 생각을 쓰고 그림으로 표현해 봐요.

다양한 포유류를 그려요

여러분이 관찰하며 그림을 다 그릴 때까지 기다려 주는 포유류를 자연에서 만나기란 쉽지 않아요. 그러니 다양한 포유류 사진을 보고 그림을 그려 봐요. 동물마다 다르게 생긴 몸 형태나 다리, 입, 피부 등을 자세히 관찰해요. 그림 그리기는 우리 주변에 있는 동물을 더 잘 이해할 수 있는 좋은 방법이랍니다.

용어 풀이

갑각류 107
보통 물속에서 생활하며 딱딱한 껍데기가 있고 다리가 여러 개인 동물로, 게나 새우 등이 있음

강모 48
포유류의 빳빳한 털 또는 지렁이 같은 환형동물에서 볼 수 있는 털 모양의 돌기

개구리목 82
꼬리가 없고 뒷다리는 앞다리보다 긴 양서류

개암 24
도토리와 비슷하게 생긴 개암나무의 열매

겨울잠 83, 141
겨울에 에너지를 아끼려고 동물이 활동하지 않는 상태. 땅속에 들어가거나 굴 안에 숨은 채로 몇 주에서 몇 달간 잠을 잠

계절이동 100, 103, 117, 120, 122
동물들이 계절에 따라 한 곳에서 다른 곳으로 옮기는 일

고막 63, 77
귀 안에 있는 얇은 막으로, 소리를 속귀까지 확대하고 전달하는 역할을 함. 많은 양서류의 머리 바깥쪽에 고막이 있음

고유종 142
특정 지역에서만 존재하며, 다른 지역에 자연적으로 존재하지 않는 종

공기역학적 102
물체가 공중에서 얼마나 쉽게 이동할 수 있는지에 관한 특성이나 성질

관절 59
뼈와 뼈가 서로 맞닿아 연결되어 있는 곳

귀밑샘 78
양서류에 있는 분비샘으로, 천적을 막는 데 사용되는 우윳빛 물질을 만듦

균 87
부패 중인 물질이나 살아 있는 생물에게서 영양분을 얻는 단순한 구조의 미생물

난생동물 86
어미가 낳은 알 속에서 새끼가 자라는 동물. 가장 흔한 동물로 새가 있음

난자 138
암컷의 생식세포

난태생 동물 86
어미 배 속에 있는 알에서 새끼가 자라는 동물. 즉, 새끼가 태어날 준비가 됐을 때 알을 낳는 동물을 말함

낱눈 66
곤충을 비롯한 대다수의 절지동물이 가진 겹눈을 이루고 있는 하나하나의 눈

내장 79, 100
동물의 장기를 다르게 부르는 말

다모류 46
바다에 사는 지렁이로, 몸에 많은 체절이 있고 마디마다 다리와 털이 많은 환형동물

단공 포유류 165
알에서 태어나지만 어미의 젖을 먹고 자라는 포유류

단성생식 138
암컷이 수정 없이 생식하는 방법

대칭 25
부분별로 동일하고 균형이 잡힌 상태. '비대칭'의 반대말

더듬이 52, 59, 64, 66, 67
머리 부분에 있는 감각기관. 후각, 촉각을 맡고 먹이를 찾는 역할을 함

독소 87
천적으로부터 자신을 보호하기 위해 생물이 만들어 내는 유독한 물질

동물군 50, 105
특정 지역이나 시대, 환경에 해당하는 동물

마디 48, 50, 59
곤충, 환형동물, 절지동물 따위의 몸을 이룬 낱낱의 부분

먹잇감 104
다른 동물의 먹이가 되는 생물

멸종 52, 79, 81, 87, 90, 91, 117, 121, 135, 156, 158, 170, 173
종이 사라짐. 특정 종에 속한 모든 생물이 죽었을 때에 쓰는 말

무족목 82
꼬리나 다리가 없어서 지렁이처럼 생긴 양서류

ㅂ

박제 167
동물의 가죽을 벗기고 썩지 않도록 처리한 뒤 살아 있을 때와 같은 모양으로 만드는 일

반향 위치 측정 163
박쥐가 청각을 이용해 장애물을 감지하는 방법. 박쥐는 파동 형태로 소리를 내보내는데 이 소리가 어떤 물체와 부딪치면 소리는 다시 박쥐의 귀로 되돌아오게 됨. 귀는 이 정보를 뇌로 보내고 박쥐는 주변 상황을 파악할 수 있음

배설물 27, 33, 170
먹이를 소화한 뒤 남은 찌꺼기를 다르게 부르는 말. 우리가 흔히 똥오줌이라고 부르는 것

번데기 67
애벌레가 나비나 나방으로 변할 때 거치는 단계를 말함

번식 52, 117, 120, 143
짝짓기를 통해 새끼를 낳아서 개체 수를 늘리는 일

변온동물 83, 130
외부 세상과 열을 주고받으며 체온을 조절하는 동물. '외온성동물'이라고도 함. 대표적인 예로 도마뱀이 있음. 반대로 몸 안에서 내는 열로 체온을 조절하는 동물을 '정온동물'이라고 함. 인간을 비롯한 다른 모든 포유류는 정온동물임

변태 67
나비 등 일부 동물이 유충에서 성충으로 자라면서 겪는 형태의 급격한 변화

분수공 157
일부 해양 포유류에게 있는 호흡 구멍으로, 소리를 낼 때 사용됨

불순물 107
순수한 물질 속에 섞인 순수하지 않은 물질

빨판 88
다른 동물 또는 물체에 달라붙는 기능을 하는 기관

ㅅ

생물학자 27, 33, 58, 87, 88, 99, 103, 114, 117, 136, 156, 160, 164, 167
생물을 연구하는 과학자로, 보통 유기체와 환경의 관계를 연구함

생식 138
생물이 다른 생물, 즉 자손을 생산해 종을 유지하는 방법. 생식은 두 생물(암컷과 수컷)의 생식세포가 합쳐지는 유성생식과 생물 하나가 동일한 다른 생물을 생산하는 무성생식으로 나뉨

생태계 91, 143
한 지역에 사는 모든 생물, 그들을 둘러싼 환경 그리고 생물과 환경 간 모든 관계의 합

서식지 51, 87, 90, 91, 105, 117, 121, 158, 170
어떤 생물 종의 생존에 필요한 조건을 갖춰 자리를 잡고 살게 하는 장소

소화 27, 49
먹은 음식물을 분해하는 과정으로 영양분을 흡수하기 쉬운 형태로 변화시키고 찌꺼기를 내보내는 일

솜깃털 25
새끼 새 몸에 있는 부드럽고 폭신한 깃털이나 어른 새의 다른 깃털 아래 위치해서 단열 기능을 하는 깃털

송과안 137
일부 파충류의 머리 위쪽에 있는 기관. 세 번째 눈이지만 보는 역할은 하지 않고 주변에 있는 빛을 감지하는 데 도움을 줌

수정 54
암컷과 수컷의 생식세포가 합쳐지는 과정으로, 새로운 생물의 시작을 가리킴

수축 48
크기를 줄이는 것. '팽창'의 반대말

습성 142
같은 동물종 안에서 공통으로 나타나는 생활양식이나 행동 양식

식충동물 169
곤충을 먹는 동물로, 육식동물의 일부임

심 23
어느 물건의 중심 부분. 씨앗이 있고 딱딱한 열매의 가운데 부분

암수한몸 46, 54
수컷과 암컷의 생식기관 둘 다 있는 생물

약충 35
번데기 시기가 없이 불완전변태를 하는 곤충의 유충

양서류 76~91, 107, 130, 140
어릴 때는 아가미 호흡을 하면서 물에서 살고, 자라서는 폐와 피부로 호흡하며 육상에서 사는 척추동물

양서파충류학 140
파충류와 양서류를 연구하는 동물학의 한 분야

여름잠 83
일부 동물이 여름철의 더위나 건기를 피하기 위해 여름에 일정 기간 동안 잠을 자는 일

연체동물 50, 51, 53, 107
몸이 부드럽고 보통 껍데기가 있는 무척추동물. 달팽이, 오징어, 홍합 등이 있음

열대 지역 117
적도를 중심으로 남북 회귀선 사이에 위치한 지대로, 기온이 높고 비가 많이 내림

열대우림 156
열대 지역에서 발달하는 삼림으로, 다양한 식물이 자라남

영장류 169, 170
가장 복잡한 체제를 갖춘 동물. 원류, 유인원류, 인류 등을 포함함

외골격 35, 58
특정 동물의 겉면에 있는 뼈대로, 몸을 보호하는 역할을 함

외래종 87, 91, 143
외국이나 국내의 다른 지역에서 들어온 종

울음주머니 77
많은 양서류의 목이나 입 양옆에 있는 피부막으로, 짝을 찾거나 경고할 때 소리를 키우는 역할을 함

월동 117
겨울을 나는 일

유대 포유류 165
완전한 상태로 태어나지 않고 태어난 뒤에도 어미 배에 달린 주머니 안에서 계속 자라는 포유류

유미목 82, 83
꼬리가 있으며 앞다리와 뒷다리의 길이가 거의 같은 양서류

육식동물 81, 136, 157, 169
다른 동물을 먹는 동물

육아낭 165
유대 포유류의 배에 달린 주머니로, 새끼를 품는 데 쓰임

의태 137
주변 환경과 비슷하게 모습을 바꿔 다른 동물의 눈에 띄지 않게 하는 동물의 능력. 카멜레온은 의태를 함

인갑 131
악어나 거북 같은 동물이 가진 비늘 모양의 딱딱한 껍데기

잡식동물 136, 169
동물이나 식물을 가리지 않고 다 먹는 동물

점액 53
생물체가 분비하는 끈끈한 액체

정자 138
수컷의 생식세포. 난자와 합쳐져 수정란이 되고 수정란은 배아로 자람

제자르기 90
스스로 신체 일부를 떼어 내고도 살 수 있는

능력

주둥이 67, 159
나비의 입이나 코끼리의 코처럼 동물의 머리에서 돌출된 기다란 부속기관

쥐라기 135
지구 역사 중 수백만 년 전에 해당하는 시대. 정확히는 1억 9960만 년 전부터 1억 4550만 년 전 사이를 가리킴

진피 131
피부의 가장 안쪽 부분

진화 51, 99, 135, 142, 156, 160, 1163
어느 종의 한 세대에서 다음 세대로 나타나는 유전적 특징 변화. 시간이 지남에 따라 바뀌는 환경에 적응하고 다른 종의 출현을 일으키면서 종이 변화하고 다양해지는 과정을 뜻함

짝짓기 비행 62
짝짓기를 할 때 일부 곤충이 하는 비행

척추동물 50, 79, 140
척추, 즉 등뼈가 있는 동물. '무척추동물'의 반대말

천적 31, 50, 66, 78, 81, 88, 90, 108, 136, 137, 142, 145, 168
어떤 동물을 언제나 먹이로 삼고 생활하는 동물. 예를 들어 쥐의 천적은 뱀이고, 진딧물의 천적은 무당벌레임

체액 63
당과 다른 영양분으로 만들어진 액체

체절 46, 48
절지동물이나 환형동물의 몸을 이루고 있는 낱낱의 마디

초식동물 169
식물을 먹는 동물

촉수 52, 54
하등 무척추동물의 몸에 있는 돌기 모양의 감각기관

치설 52
연체동물이 먹이를 삼킬 수 있도록 잘게 부수는 작은 이빨이 있는 부분

ㅌ

태반 포유류 156, 165
어미 몸 밖으로 나갈 때까지 배 속에서 탯줄을 통해 영양분을 섭취하는 포유류

태생동물 136
어미의 몸 안에서 새끼가 자라는 동물. 포유류는 태생동물임

토착종 142
사람이 옮겼거나 다른 인위적인 방법으로 이동하지 않고 본래부터 특정 지역에 사는 종

퇴비 49
풀이나 가축의 배설물을 썩혀 만든 거름

툰드라 117
유럽, 북미, 아시아의 북극지방에 있는 넓은 벌판으로, 땅이 늘 얼어 있는 상태임

포유류 11, 31, 38, 154~173
머리카락이나 털이 나고 체온을 일정하고 따뜻하게 유지하며, 새끼에게 젖을 먹이는 척추동물

포획 121
동물을 잡아들이는 일

표피 131
피부의 가장 바깥 부분

ㅍ

파동 163
공간이나 물질의 어느 한 곳에 생긴 진동이 점점 주위로 퍼져 가는 현상

파충류 99, 128~147, 156
땅에 알을 낳고 몸은 비늘로 덮인 변온성 척추동물

페로몬 64
생물이 만들어 내고 공기(또는 물)를 통해 퍼뜨려 같은 종끼리 '의사소통'을 하는 화학물질

펠릿 27
동물이 먹다가 역류한 소화 안 된 찌꺼기. 생물학자들은 특정 종의 먹이를 조사하기 위해 펠릿을 활용함

포식자 99
다른 동물을 먹이로 삼는 동물

ㅎ

허물 34, 35, 37
파충류, 곤충류 따위의 동물이 성장하면서 벗는 껍질

허파 48, 76, 157
가슴 안 양쪽에 자리한 호흡기관

화석 135, 156
수천 년 또는 수백만 년 전 지층에 묻혔다가 발견된 동식물의 몸체나 흔적

환형동물 46
지렁이, 갯지렁이, 거머리 등 체절이 있는 벌레가 속한 동물군

흰자위 113
새알이나 달걀 속 노른자위를 둘러싼 빛이 흰 부분

기타

DDT 117
곤충의 신경계통에 이상을 일으키는 살충제로, 인체에 해로워 현재 우리나라에서는 생산 및 사용이 금지되어 있음

GPS 103
위성 위치 확인 시스템(Global Positioning System)의 약자로, 지구궤도를 도는 인공위성이 보내는 정보를 이용해 정확한 위치를 찾는 시스템

●
생물분류는 그 형태와 구조, 생식, 발생 등을 살펴 비슷한 점과 다른 점에 따라 일정한 체계를 세우는 일이다. '종(種)'을 기본 단위로 하며, 종 < 속 < 과 < 목 < 강 < 문 < 계의 차례로 정리된다. 예를 들어 '고양이'의 생물분류는 '고양이(종) - 고양이속 - 고양잇과 - 식육목 - 포유강 - 척삭동물문 - 동물계'로 이루어진다.

연대표 중요한 사건들

기원전 약 350년
그리스 철학자 아리스토텔레스가 동식물 견본을 모아 특징에 따라 분류했어요. 우리에게 알려진 첫 생물분류예요.

1632년
바뤼흐 스피노자라는 철학자가 태어났어요. 스피노자는 자연을 신의 연장이라고 보았죠. 스피노자는 돌, 동물, 식물은 전부 몸과 영혼이 있다고 믿었어요.

1735년
칼 폰 린네라는 식물학자가 『자연의 체계』라는 책을 냈어요. 이 책은 오늘날까지도 우리가 사용하는 분류 체계를 담고 있는데, 학명으로 생물을 분류하는 방법이에요.

1866년
하인리히 헤켈이라는 생물학자가 생물과 우리가 사는 곳과의 관계를 연구하는 학문을 가리키는 '생태학(ecology)'이라는 용어를 만들었어요. 이 단어는 그리스어로 '연구'를 뜻하는 '로고스(logos)'와 '집'을 뜻하는 '오이코스(oikos)'를 합친 것이랍니다.

1872년
미국에서는 세계 최초의 국립공원을 지정하는 법안이 국회를 통과하고 그랜트 대통령이 이에 서명했어요. 그때 지정된 옐로스톤 국립공원은 현재 넓이가 9000제곱킬로미터가 넘어요.

1895년
영국에 자연을 보호하고 자연 훼손을 막는 단체인 내셔널트러스트가 설립되었어요. 오늘날 영국에서 가장 넓은 땅을 소유하고 있답니다.

1915년
영국에서 은행가이자 전문 자연주의자인 찰스 로스차일드가 자연을 위해 우리가 공간을 내줘야 한다는 급진적인 생각을 토론하고자 회의를 열었어요. 이 회의에 이어 자연보호구역진흥회(SPNR)라는 단체가 세워졌고, 영국의 자연보호 운동이 시작되었답니다.

1915년
미국 생태학협회라는 비영리 과학자 단체가 생겼어요. 그리고 2년 만에 307명이 가입했죠.

1949년
'야생 생태학의 아버지'라고 불리는 알도 레오폴드라는 사람이 『모래 군의 열두 달』이라는 책을 펴냈어요. 이 책의 유명한 구절 중에 "산처럼 생각하는" 방법을 배워야 한다는 말이 있어요.

1960년
영국 과학자 제임스 러브록은 '가이아 가설'이라는 이론을 내놓았어요. 지구는 하나의 생명체이며 많은 방법을 통해 스스로 조절할 수 있다는 내용이에요.

1962년
생물학자 레이첼 카슨이 『침묵의 봄』이라는 책을 펴냈어요. 규제하지 않은 살충제(DDT) 사용이 특히 새한테 위험하다는 것을 알려 주는 책이에요.

1970년
4월 22일에 처음으로 '지구의 날'을 기념하는 행사가 미국에서 열렸어요.

1970년
유럽연합 정상 회의에서 '유럽 자연보호의 해'로 지정했어요.

1971년
세계에서 가장 중요한 환경 단체가 설립되었어요. 바로 지구의 벗(1969년)과 그린피스예요.

1973년
노르웨이 철학자이자 등산가인 아르네 네스가 '심층 생태학'이라는 개념을 소개했어요. 자연은 우리의 이익을 충족하는 데 이용해도 되는 것이 아니라 우리가 똑같이 공유해야 하는 것이라는 개념이에요.

1973년
멸종 위기에 처한 야생 동식물의 국제 거래에 관한 협약(CITES)이 채택되어 멸종 위기에 놓인 수천 가지 종을 사고파는 게 금지되었어요.

1987년
'지속 가능한 발전'이라는 개념이 생겼어요. 경제, 사람, 환경은 미래 세대의 요구를 염두에 두고 연결되어야 한다는 내용이에요.

1992년
리우데자네이루에서 열린 'ECO 92'라는 회의를 통해 세계 정상들이 만나 지구의 환경 현황에 관해 논의했어요.

1997년
기후변화의 주범인 온실가스를 줄이는 목표를 세운 '교토 의정서'가 채택되었어요.

2007~2009년
유엔 총회는 2007년부터 2009년까지를 세계 지구의 해를 기념하는 기간으로 지정했어요.

2010년
유엔이 '세계 생물 다양성의 해'로 지정했어요.

더 알고 싶다면

자연 보존이나 연구에 종사하는 기관들이에요. 홈페이지를 방문해 자세한 내용을 확인해 봐요.

우리나라 기관

환경운동연합
- www.kfem.or.kr

녹색연합
- www.greenkorea.org

한국자연환경보전협회
- www.kacn.org

동물행동권 카라
- www.ekara.org

전 세계 기관

버드라이프 인터내셔널
- www.birdlife.org

국제보호협회 환경 단체
- www.conservation.org

지구섬협회
- www.earthisland.org

어스워치 연구소
- earthwatch.org

국제자연보전연맹
- www.iucn.org

오세아나
- na.oceana.org

국제자연보호협회
- www.nature.org

유엔환경계획 세계자연보존모니터링센터
- www.unep-wcmc.org

유네스코
- en.unesco.org

야생동물보존협회
- www.wcs.org

세계자연기금
- www.worldwildlife.org

미국 기관

미국 자연사박물관
- www.amnh.org

국립오듀본협회
- www.audubon.org

국립공원보존협회
- www.npca.org

국립공원관리청
- www.nps.gov

학생환경보존협회
- www.thesca.org

호주, 뉴질랜드 기관

호주환경보존재단
- www.acfonline.org.au

남호주 정부
- www.environment.sa.gov.au

호주 공원 관리청
- www.parksaustralia.gov.au

뉴질랜드 보전부
- www.doc.govt.nz

영국 기관

지구의 벗
- www.foe.co.uk

그린피스
- www.greenpeace.org.uk

공동자연보전위원회
- www.jncc.defra.gov.uk

내셔널트러스트
- www.nationaltrust.org.uk

왕립조류보호협회
- www.rspb.org.uk

야생생물신탁
- www.wildlifetrusts.org

글 **마리아 아나 페이시 디아스**

1976년 포르투갈에서 태어나 리스본대학교에서 생물학 박사 학위를 받았으며, 세계 최대의 자연 보존 파트너인 버드라이프 인터내셔널에서 일하기 위해 영국으로 이주했습니다. 어린 시절부터 정원에 있는 곤충과 식물에 특별한 관심을 보였습니다.

글 **이네스 테이셰이라 도 로사리오**

1973년 포르투갈 리스본에서 태어나 리스본대학교에서 생물학을 공부하고 생태학 박사 학위를 받았습니다. 파충류, 양서류 및 포유동물을 연구했으며, 동물의 서식지와 환경 영향 연구 및 생태 모니터링에 참여했습니다. 쥐, 박쥐, 카멜레온 외에도 많은 동물을 좋아하며 모두에게 가장 특별한 것을 찾고 있습니다.

그림 **베르나르두 P. 카르발류**

1973년 포르투갈 리스본에서 태어나 리스본 미술대학을 다녔고, 어린이책 출판사를 세웠습니다. 어린이를 위한 책을 창작했으며, 그림으로 권위 있는 상을 다수 받았습니다.

옮김 **손영인**

연세대학교에서 영어영문학, 불어불문학을 전공했으며 현재 바른번역에서 번역가로 활동하고 있습니다. 좋은 책의 긍정적인 영향을 전파하기 위해 오늘도 즐겁게 노력 중입니다. 옮긴 책으로는 『아빠는 페미니스트』 『제대로 위로하기』 『왜 나는 너와 헤어지는가』 등이 있습니다.